Impressum:

das wahre Ich
c/o Franz Gruber

„ICH SELBST“
1. Auflage 2015

Eigentümer, Herausgeber und Verleger: Franz Gruber
Druck: Janetschek GmbH, Heidenreichstein

ISBN: 978-3-200-04150-9

www.das-wahre-ich.at

Inhalt

Vorwort

Licht und Schatten wetteiferten um meine Gunst. Das Manuskript zu meinem ersten Buch „das wa(h)r(e) Ich“ war fertig und ich überzeugt, mit meinem Exposè bei dem einen oder anderen Verlag das Interesse geweckt zu haben.

Anscheinend konnte man aber nur sehr wenig mit meinen Zeilen anfangen. Antworten der Verlage beinhalteten ausschließlich Ablehnungen. Obwohl der Inhalt meiner Meinung nach keinem Genre zugeordnet werden kann, wurden die Absagen meist damit begründet, dass „mein Buch“ nicht in das jeweilige Programm des Verlages passen würde.

Aufkommende Zweifel, ob das Buch jemals veröffentlicht werden würde, wurden noch verstärkt durch „gescheite“ Kommentare von Literaturagenturen in verschiedenen Communities: ein Neuling? Keine bekannte Persönlichkeit? Keine Fürsprache? So habe man kaum eine Chance auf die Drucklegung seines Werkes.

Jedoch - die Veröffentlichung meines Buches wurde mir bereits gezeigt. So konnte ich sicher sein, es war gewollt – es sollte die Menschen erreichen.

Zwischendurch hatte ich immer wieder das Gefühl, meine bisherige persönliche Entwicklung könnte sich wieder „verlieren“, die Entfaltung meines neuen Bewusstseins im Sand verlaufen.

Stillstände war ich mittlerweile gewohnt. Diesmal schien es aber, als wäre mein Ziel zum wahren Ich in weite Ferne gerückt. Ich ließ mich von meinen Gedanken treiben, anstatt sie voranzutreiben.

Dieser monatelang andauernde Zustand war jedoch nur das Ende eines wichtigen Lebensabschnittes. Er war notwendig, um Raum für neue Entwicklungen in meinem Leben zu schaffen. Dieses Ende war in Wirklichkeit der Beginn eines neuen Anfangs.

Die Verlegung meines ersten Buches ließ noch auf sich warten. Schon ein halbes Jahr später wurden bereits neue Informationen in Form vielerlei Gedanken an mich herangetragen. Sie forderten mich auf, ein weiteres Buch zu schreiben.

Ein neuer Anfang

Warum meinte, pardon, wusste ich, dass dies ein neuer Anfang war? Bildete ich mir diesen neuen Bewusstseinszustand nur ein?

Ich korrigierte nichts an meiner Persönlichkeit. Kosmetische Operationen kamen für mich nie in Frage. Mein Aussehen war, wie sonst auch. An meiner Einstellung war nichts auszusetzen. Ich kleidete mich, so wie immer.

Optisch war ich unverkennbar und unverändert. Mein Wortschatz war der Gleiche und ich gab mich auch nicht bewusst liebevoller. Kein besonderes oder freudiges Ereignis hatte stattgefunden, das mich inspiriert hätte.

Und doch - es fühlte sich an, als wäre ich neugeboren. Als würde mich eine neue, intensive Lebensenergie, leichter als je zuvor, weitertragen. Unsere Sprache reicht kaum, diesen neuen Zustand zu beschreiben. Versuche, diese, meine neue Perspektive mit dem Verstand zu erklären, würden unweigerlich scheitern.

Bücher füllende Phrasen, wie „denke positiv“, können vielleicht das berühmte Tüpfelchen am „i“ sein, solch ein Gefühl zu verursachen. Tatsächlich erkannte ich - meine „Arbeit“ hatte Früchte getragen. Die ersten Früchte am Baum des wahren Lebens, sie waren reif. Ich konnte beginnen, sie zu pflücken und zu genießen. Dabei gab es keinen einzigen „verbotenen Apfel“, den ich nicht essen durfte. Es war an der Zeit, mir selbst die Erlaubnis zu geben, weitere göttliche Geschenke anzunehmen.

Eine neue Lebensphase, ein neues, wohltuendes Lebensgefühl, es war förmlich zu spüren. Das Licht der Liebe hatte sich anfangs zwischendurch nur kurz entfacht. Es entzündete sich schließlich des öfteren. Und fing an, immer länger zu leuchten. Bis es sich schließlich kontinuierlich in meinem ganzen Körper ausbreitete.

Das damit verbundene Wohlfühlgefühl trat nicht von heute auf morgen ein. Es entwickelte sich. Was ich früher nur für wenige Augenblicke erlebte, wurde mir jetzt an einzelnen Tagen für mehrere Stunden zuteil. Letztlich genoss ich immer wieder ganze Tage von dem außerordentlich angenehmen Gefühl. Ab diesem Zeitpunkt war relativ rasch klar - Dunkelheit und Schatten hatten den Wettstreit verloren. Sie mussten für immer dem Licht weichen.

Dieses Licht der Liebe – es steht in keinem Zusammenhang mit dem Zustand des „Verliebtseins“ in einen anderen Menschen. Keine Frau war an meiner Seite.

Licht vertreibt die vielen Ängste, auf die wir uns tagtäglich konzentrieren und gibt ihnen keinen Platz mehr. Stattdessen verändern sich unsere Schwingungen - die Signale, die von uns ausgehen, unsichtbar und unhörbar. Weder körperlich noch verbal brauchen wir dazu etwas beitragen. In der gleichen Form, wie sich diese unsichtbaren „Wellen“ von uns wegbewegen, schwingen sie auch wieder zu uns zurück.

Und so erlebe ich seit dieser Zeit, wie Männer und Frauen aller Altersschichten, grüßen oder mich anlächeln. Menschen, denen ich vorher nie begegnet bin. Jene, die aufgrund meiner Arbeit als Polizist oder auch sonst, bitterböse auf mich waren. Oder andere, die mich noch nie eines Blickes würdigten. Sie alle kommen auf mich zu. Manche sprechen ein paar freundliche Worte oder führen mit mir ein Gespräch, als wären wir schon immer gute Freunde gewesen.

Höchst unwahrscheinlich, alle diese Leute durchleben einen plötzlichen Sinneswandel. Ich bekomme ganz einfach meine Schwingungen zurück, was ein Miteinander ungemein erleichtert.

Das zum Thema, alle anderen seien „schuld“, wenn wir in Problemen oder Auseinandersetzungen verwickelt sind und es uns schlecht geht.

Auch Tiere suchen ständig meine Nähe, was wohl nicht daran liegt, dass mein Namenspatron Franz von Assisi ist. Er konnte der Legende nach ja mit Tieren sprechen, was auch mir schon gelungen ist.

Zum Beispiel bei einem Besuch der stolzen Lipizzaner. Ausnahmslos zeigten die Hengste in ihren Stallungen, auch nach gutem Zureden durch verschiedene Leute, nur ihr Hinterteil. In einiger Entfernung der anderen Besucher stand ich alleine vor einer Box eines besonders schönen Pferdes. Ich sprach zu ihm, worauf es sich umdrehte und nah zum Ende der Koppel kam, wo ich es streicheln konnte.

Ein anderes Mal antwortete ein Hund auf meine telepathische Frage, warum er offensichtlich ohne Lebensfreude war, „er hätte es satt, nur Hund zu sein“. Einige Zeit später verließ er diese Welt.

Schon viele Thesen wurden über den Ursprung der menschlichen Rasse aufgestellt. Gab es den berühmten Urknall? Wodurch entstand das Universum, unsere Welt, in der wir leben? Diese Fragen und die Existenz Gottes ist verstandesgemäß weder zu erklären oder zu beweisen, aber auch nicht zu widerlegen.

Jedoch steht für mich fest. Natürlich gibt es das, was wir Gott nennen. Ob in vorstellbarer personalisierter Form, oder in einer anderen Art und Weise. Wir können deshalb nicht abschätzen, wer oder was Gott sein könnte, weil alles, was wir sind und all das, was uns umgibt, Gott i s t .

Leser meines Buches „das wa(h)r(e) Ich“ wissen, mir wurde das große Privileg zuteil, einen Beweis für die Existenz von Engeln erhalten zu haben. Deshalb ist es für mich persönlich leicht, zu versichern, es gibt Gott! Gibt es Engel, gibt es auch einen Gott!

Niemand wird jemals die wirkliche Entstehung der Menschheit nachvollziehen können. Es ist auch nicht wichtig, die unendliche Kreativität unseres Schöpfers zu verstehen. Viel wichtiger sollte es sein, nicht dem Dämon, sondern der Liebe in uns eine besondere Macht zu verleihen.

Wir befinden uns in einem Paradies und entscheiden uns wahrhaftig unglücklich zu sein. Warum? Weil uns ständig versinnbildlicht wird, dass der Mensch durch die „Erbsünde“ von Gott getrennt und aus dem „Garten Eden“ vertrieben wurde?

Schon Missionare zu Zeiten der Anfänge der uns gepredigten Bibel verstanden es anscheinend prächtig, diese Geschichte als Dogma der katholischen Kirche festzuschreiben, um deren Autorität zu sichern. Andere Religionen unserer Zeit agieren auf ganz ähnlichen Überlieferungen.

Symbolisch gesprochen kostete ich von der verbotenen Baumfrucht. Mit der Erkenntnis, einen neuen Anfang zu erleben. Mittels meines freien Willens schaffte ich mir so den „Himmel auf Erden“.

Alle Menschen sind untrennbar mit Gott verbunden. So ist es nicht notwendig, dass ein Mensch besondere Leiden auf sich nimmt, um wieder eine Verbundenheit zu Gott herbeizuführen. Jesus von Nazareth, wenn es ihn tatsächlich gegeben hat, muss schon ein ganz besonderer Mensch auf Erden gewesen sein, wenn man ihn derart fürchtete. Aus der Not eine Tugend zu machen und Jesus als den Sohn Gottes darzustellen, war schon ein einmaliger Schachzug der damaligen Hirten des Christentums.

Weniger einmalig, vielmehr beängstigend ist freilich - von den Religionen wird bis heute daran erinnert, wieviel Schmerz und Qual „Gottes Sohn“ erleiden musste, um uns Menschen zu „retten“.

Solcherart bei vielen ausgelöste Schuldgefühle verfehlen und verfehlten in der Vergangenheit nie ihre Wirkung. Indem Menschen sich mit solchen Schuldgefühlen belasten und sich als Sünder sehen, werden sie nie in ihrem Leben das Licht und die Liebe Gottes vollständig in sich spüren. Sie werden nie wirklich glücklich sein.

Ganz neu beginnen, alles hinschmeißen, einen neuen Anfang wagen, aber wie? Dieser Gedanke kommt vielleicht bekannt vor. Er drängte sich auch in meiner Vergangenheit des öfteren auf.

Wir verändern den einen oder anderen Zustand, schaffen neue Lebensumstände, schauen uns vielleicht nach einem neuen Partner um. Ansonsten richten wir uns aber „natürlich“ nach wie vor nach unseren weltlichen Vorgaben. Wir orientieren uns weiterhin an den Glaubensgrundsätzen der Religion, der wir angehören.

Probiere, dein Leben in dieser Form zu ändern. Wundere dich aber nicht, wenn solch ein Vorhaben nicht in einem neuen Anfang,

sondern in einer ähnlichen Situation, wie vorher, endet. Warum?
Du hast auf dich selbst vergessen!

Du bist nämlich die Hauptfigur! Du besetzt in deinem Leben die Hauptrolle. Ohne dich kann weder eine Szene in einem Film, noch im wahren Leben gedreht werden.

Das Motto sollte sein, zuerst mit dir selbst im Reinen zu sein. Auf die eigene Intuition, auf das eigene Gefühl, auf die eigene Stimme und somit auf die Stimme Gottes und der Engel zu hören.

Sind wir wirklich so aufgeschlossen und „offen" für Neues, wie es in den Medien und in der Gesellschaft dargestellt wird? Oder könnte es sein, man ruft als „Andersdenkender" Entsetzen hervor? Wird man womöglich als „Ungläubiger" bezeichnet oder gar der Blasphemie beschuldigt?

Obwohl man sich Gott und den Engeln näher fühlt als die Meisten? Ist der Grund dafür vielleicht nur, man will sich mit Vorgaben, die ausschließlich der Kirche oder einer anderen Religion dienen, nicht identifizieren?

Uns schaudert, lesen wir in Geschichtsbüchern über die Verbrennung von „Hexen", die Bestrafung von Menschen, die ihren eigenen Glauben hatten und sonst nichts Böses taten. Noch heute, im 21.

Jahrhundert, ist es strafbar, eine religiöse Lehre „herabzuwürdigen“. So ist es zum Beispiel im österreichischen Strafrecht zu lesen. Kann es sein, wir sind mit den einfachsten Wörtern und/oder Formulierungen überfordert, nur weil sie uns unbekannt sind? Weil sie uns fremd oder seltsam erscheinen? Ist es möglich, es genügt eine unübliche Wortwahl, um bei uns Unbehagen hervorzurufen?

Meine Aussagen werden oft als mystisch oder philosophisch bezeichnet. Das scheinbar Mystische - etwas, das wir nicht sofort verstehen und eventuell ein mulmiges Gefühl der Angst hervorruft.

Willst du wirklich einen neuen Anfang? Dann bete um die notwendige Klarheit und Unterstützung. Sie wird dir mit Sicherheit zuteil werden. Scheibchenweise, in kleinen Stücken, wirst du deinem Ziel näher kommen. Das wird dir helfen, zu verstehen. Indem dir immer wieder der nächste Schritt gezeigt wird, den du gehen kannst.

Solch ein Anfang, wie ich ihn hier beschreibe, ist gar nicht so neu, wie man vielleicht glauben möchte. Alle erlebten diesen Zustand bereits einmal. **Es liegt ganz alleine bei dir,** sich dieses Seins wieder bewusst zu werden.

Verschiedene Erfahrungen und Informationen können dich auf deinem ganz persönlichen Weg zum Ziel, zu einem neuen Anfang, begleiten, mehr aber auch nicht.

Weder Menschen mit besonderer Qualifikation, irgendwelche Techniken oder Lehren, noch Dinge, die in der Zukunft entdeckt oder entwickelt werden, egal welcher Art. Sie werden niemals in der Lage sein, ein brauchbares, beständiges Ziel für dich zu erreichen.

Das Kind in uns

Tief in unserem Herzen bleiben wir auch als Erwachsene Kinder. Als solche handelten wir, ohne nachzudenken. Unsere Gefühle kamen an erster Stelle. Der Verstand war uns egal, Angst ein Fremdwort.

Egal, in welcher Stimmung wir waren, wir wollten andere daran teilhaben lassen. Jeder kennt das ungezwungene, herzliche Lachen eines Kindes, wenn es ihm gut geht – oder den lautstarken Versuch, auf sich aufmerksam zu machen. Zumindest traf das eben Erwähnte auf die Zeit zu, als du noch ein Baby warst.

Daran könne man sich doch nicht mehr erinnern? Nun, das mag jetzt so sein. Erlebt hat dieses Sein aber trotzdem schon jeder von uns. „Als Erwachsener kann man doch nicht mehr so sorglos, so leicht und unbekümmert sein. Was würden den die anderen dazu sagen? Außerdem ist das jetzt gar nicht mehr möglich - mit den ganzen Problemen und Sorgen, die auf mir lasten“, meinst du?

Am Beginn unseres Lebens sind wir also so, wie wir wirklich sind. Unser wahres Ich leuchtet hervor. Es ist für uns das Normalste der Welt. Dann, immer öfter und deutlicher, verhalten wir uns wie jemand, der wir eigentlich gar nicht sind. Vielleicht um der Familie, der Eltern, dem Partner, der Gesellschaft, einer Religion, der Politik oder irgendeines Idols wegen?

Am Ende wissen wir außer unserem Namen und der vermeintlichen Rolle in unserer Welt nicht mehr, wer wir sind. Wir wissen aber auch nicht, wie wir es anstellen sollen, wieder so zu sein, wie wir ursprünglich waren. Noch dazu, weil inzwischen die Angst in verschiedenster Form unser zweiter Vorname wurde.

Wundert uns das wirklich, wo wir ständig darum bemüht sind, uns aus gesellschaftlichen, politischen oder religiösen Verstrickungen zu befreien? Das Ergebnis daraus bezeichnen wir als persönliche Erfahrung, die wir nächstes Mal mit einbeziehen wollen. Der durchaus gültige Leitspruch „aus Erfahrung lernen“ sollte jedoch ausschließlich auf unsere persönliche Entwicklung Bezug nehmen.

Gott und die Engel helfen uns über unser „Bitten“, uns an unseren Urzustand zu erinnern. So werden uns Zeichen und Wahrheiten in Form auftauchender Gedanken und Gefühle zugetragen. Manchmal ist es aber schwer, diese Botschaften zu hören oder zu verstehen. Dazu gleich mehr. Vorher noch ein paar Zeilen zu dem Umstand, dass ich das Wort „bitten“ unter Anführungsstriche setzte.

Ich schätze, ich war sicher einer der Meisten, wenn ich in der Vergangenheit zu Gott so oder ähnlich betete: „lieber Gott, ich bitte dich, mache dieses oder mache jenes …“. Jetzt bitte ich in Form eines Dankgebetes: „lieber Gott, ich danke dir für …“, oder „lieber Gott, ich danke dir dafür, dass …“.

Wenn du jetzt meinst, es wäre doch wohl egal, welche Formulierung ich bei meinen Gebeten verwende, Hauptsache, ich bete, sage ich dir folgendes:

Bitte ich um etwas, stärke ich mein Bewusstsein damit, dass ich das, worum ich bitte, (noch) nicht habe. Oder eine Situation, um die ich bitte, (noch) nicht eingetreten ist, sie noch nicht so ist, wie ich es möchte.

Man betet halt zu Gott, weil man sonst keinen Ausweg mehr sieht, wodurch sich momentan ein anderes Gefühl einstellt. Der Betende fühlt sich während dieser kurzen Zeit vielleicht wieder besser aufgehoben, meist aber skeptisch, ob das, worum er gebetet hat, auch wirklich eintrifft oder in Erfüllung geht. Schon während die Worte ausgesprochen werden, entstehen wieder erste Zweifel, die jedweder Verwirklichung im Wege stehen.

Bringe ich hingegen mein „Bitten" mit Dankesworten zum Ausdruck, helfe ich mir damit selbst, zu glauben, meine Wünsche hätten sich bereits erfüllt. Indem ich dadurch vor allem meinen Geist stärke, stärke ich auch mein Vertrauen. Ich kann überzeugt sein, es ist nur mehr eine Frage der Zeit und das Ergebnis meines Dankens wird für mich sichtbar.

Nach diesem kurzen Ausflug wieder zurück zum Kind in uns. Zu der Zeit, als ständig versucht wurde, uns schon als Kinder zu verdeutlichen, Angst und Schuldgefühle haben zu müssen. Zu der Zeit, wo dadurch unser Vertrauen geschwächt, uns unser Glaube abhanden und unsere eigene Energie schon damals stets ins Stocken kam.

Das ist d e r Grund, warum die unsichtbaren himmlischen Mächte kaum Zugang zu uns haben. Desto besser unsere Energie fließt, desto eher können wir sie hören. Auch lassen sie andere Menschen zu uns sprechen. Oder aber, sie bedienen sich beliebiger Dinge, mit denen wir uns im Alltag beschäftigen.

Bei mir selbst dauerte es sehr lange, bis ich mit den Engeln kommunizierte. Während ich diese Zeilen schrieb, wurde ich gefragt, warum ich denn nicht öfter zuhöre? Eine Antwort darauf hatte ich nicht wirklich parat, außer ihnen recht zu geben.

Solche Dialoge in Form von Gedanken laufen immer sehr direkt, nie beleidigend oder bestrafend und manchmal auch sehr amüsant ab. Mit der Zeit lernte ich, Wunschdenken von himmlischen Botschaften zu unterscheiden. Diese fühlen sich nämlich immer sehr angenehm und beruhigend an. Ist das nicht der Fall, bin ich mir nicht sicher, etwas gehört zu haben oder widerstrebt mir der Inhalt, halte ich davon Abstand.

Wie bereits erwähnt, wiederholte sich beim Verfassen dieses Manuskriptes ein gewisser Ablauf. Ich wurde wieder überschüttet mit Informationen, die mich richtiggehend drängten, mit dem Schreiben eines weiteren Buches zu beginnen. Durch geführte Gespräche oder ein einzelnes Wort. Eine Handlung oder Aussage in Radio, Film oder Fernsehen. Oder einfach nur in der Dusche.

So wurden mir Wahrheiten bewusst und ich konnte Zusammenhänge herstellen. Manchmal musste ich hellauf lachen, über die Klarheit, die mich plötzlich durchströmte. Wenn ich dann schmunzelnd antwortete: „gut, ihr seid ja auch Engel“, bekam ich zur Antwort: „Na und? Du bist auch ein göttliches Wesen!“.

Und als Solche können wir selbst am besten diese ganzen Umstände, durch die wir uns unser Leben teilweise schwer machen, wieder beseitigen. Nicht in Form irgendwelcher Kurse, sondern indem ich selbst und nur ich selbst, den Weg zum wahren Ich beschreite. Hiebei „studiere“ ich mir nichts ein und stelle keine Regeln auf.

Auf diesem Weg müssen diese schweren Lasten von sich aus, ganz von selbst, langsam von uns abfallen. Es weiß immer derjenige über etwas am besten Bescheid, der es geschaffen hat.

Ich erinnere immer wieder an die Schwingungen, die von uns ausgesendet oder empfangen werden und zum Geschehen in der Welt massiv beitragen. Weiters gibt es sogenannte ätherische Schnüre - Verbindungen zu Menschen, zu denen man Kontakt hat oder Kontakt hatte. Diese Verbindungen sollten regelmäßig getrennt werden.

Sie beinhalten meist nur niedrige Energien. Energien, die uns nicht guttun.

Jeder Mensch weiß, zwischen einem ungeborenen Kind und der Mutter besteht nicht nur eine unsichtbare Verbindung. Eine schwangere Frau ist zusätzlich durch die Nabelschnur direkt mit dem Embryo verbunden.

So werden dem Fötus „ungeschminkt“, quasi ohne Filterung, schon im Mutterleib verschiedene Energien richtiggehend eingeimpft. Es hat gar keine andere Wahl, als dieses Gemisch von Nährstoffen und gelebten Emotionen der Mutter vorbehaltlos in sich aufzunehmen. In ähnlicher Form kommt dieser Umstand wohl auch zum Tragen bei der Aufnahme der Muttermilch während der Stillperiode.

Immer noch ist man sich in der Medizin über mögliche Ursachen des Säuglingssterbens nicht im Klaren. Äußere materielle Umstände werden für den Kindstod verantwortlich gemacht.

Sollte man vielleicht der soeben geschilderten Komponente bei diesbezüglichen Forschungen das Gewicht verleihen, die sie verdient? Werdende Mütter mögen sich dessen bewusst sein. Welchen Grundstein willst du für dein Baby legen?

Jubel - Freude über das Neugeborene! Aber schon im zarten Kindesalter wird damit begonnen, unsere ungezwungene und unbekümmerte Gefühlswelt ins Wanken zu bringen. Wir nennen es Erziehung – zuhause, in der Schule, in verschiedenen Ausbildungen.

„Den Kindern soll es ja einmal besser gehen. Dabei müssen sie aber bestimmte Spielregeln einhalten. Sind sie nicht bereit, diese zu akzeptieren, werde ich als Elternteil, notfalls mit (Nach-) Druck dafür sorgen. Schließlich bin ich ja für mein Kind verantwortlich“.

Diese von mir sinngemäß formulierte, sehr verbreitete, allgemeine Auffassung wird dem Treiben in unserer Welt leider gerecht. Den Kindern sind diese Praktiken sehr abträglich.

Kinder würden grundsätzlich immer nach ihrem Gefühl (re-)agieren und handeln. Die beste Voraussetzung, zu ihrem eigenen Selbst vorzudringen, spürten sie in ihrer Umgebung nur Liebe und Frieden.

Das ist in der Regel jedoch nicht der Fall. Deshalb folgen Kinder diversen Vorgaben. Handeln sie, allgemeinen oder besonderen Diktionen gemäß, richtig, werden sie belohnt, anderenfalls haben sie Sanktionen zu erwarten oder werden ins Abseits gerückt.

Aussagen, wie „wenn du das so oder so machst, dann …“, oder, „bist du brav, hast du gute Noten, bekommst du …“, mögen für den Augenblick das gewünschte Ergebnis hervorrufen. Mir selbst sind diese kleinen „Erpressungsversuche“ ebenfalls bekannt. Natürlich übernahm ich diese Vorgangsweise schließlich auch bei den eigenen Kindern.

Langfristig erkennt sich das Kind, jetzt womöglich als Jugendlicher, jedoch bald selbst nicht mehr. Er hat verlernt, auf sein eigenes Gefühl zu hören. Der Kreis hat sich geschlossen – was nun? Wir haben die Kinder ja doch auch in die Welt gesetzt.

Jetzt ist es Zeit, sich schleunigst von gutgemeinten Übervorteilungen zu verabschieden. Müssen wir tatsächlich den Kindern gegenüber Verantwortung übernehmen? Suchen wir, als Eltern oder Großeltern, vielleicht gar nur Halt bei unseren Kindern und Enkelkindern? Indem wir sie, mehr als notwendig, umsorgen und bevormunden? Wir haben wieder eine Aufgabe. Es lenkt von uns selbst ab. Außerdem haben wir die totale Kontrolle. Ist doch schön, oder?

Reicht es nicht, jederzeit für unsere Kinder da zu sein, wenn Sie Hilfe brauchen? Ist es nicht genug, ihnen zu vermitteln, dass wir sie lieben? Wollen wir lieber unser „Gewissen“ beruhigen, unsere Schuldgefühle kaschieren? Wäre es nicht einfacher, vorrangig uns selbst zu umsorgen, indem wir unser persönliches Ziel vor Augen haben? Unsere Kinder könnten dann alleine von ihren Vorbildern, ihren Eltern, ihren Großeltern, von uns Erwachsenen, lernen.

Kinder können grausam sein! Ich spürte diese Erfahrung am „eigenen Leib“. Mein Sohn wollte während mehrerer Jahre kaum ein

Wort mit mir sprechen. Wie kann es soweit kommen und – sind wir imstande, dem entgegen zu wirken? Sind wir! Es wird halt ein längerer Lernprozess für Eltern u n d Kinder, besteht bereits eine solche Situation.

In Zusammenhang mit der Erziehung von Kindern von totaler Kontrolle zu sprechen, ist im ersten Moment vielleicht nicht sofort nachvollziehbar und „schreit" förmlich nach einer Erklärung. Lass mich dazu etwas weiter ausholen.

Aus Angst, keinen guten Eindruck zu vermitteln, nicht geschätzt zu werden, nicht gut genug zu sein, von keinem geliebt zu werden, legen wir Kontrollverhalten in Form oft haarsträubender Vorgaben an den Tag. Verbissen glauben wir, unbedingt die Pflicht zu haben, Verantwortung und damit die Kontrolle übernehmen zu müssen. Sei es in der Politik, in der Partnerschaft, innerhalb von Religionen oder geschaffener Rangordnungen.

Noch dazu scheint es wichtig, dementsprechend zu argumentieren und beliebig zu begründen, um diese Vorgaben im rechten Licht erscheinen zu lassen. Sie vielleicht gar im Namen des Volkes oder im Namen Jesus Christus zu verkünden.

Würde nicht andauernd vergessen werden, dass eine höhere Weisheit die Kontrolle über die jeweilige Situation hat, könnten wir zum Beispiel die Politik abschaffen, die vorgibt zu wissen, was gut ist.

Die Religionen würden wir beiseite schieben, die uns glauben machen wollen, nur unter deren Bedingungen sei der Glaube an Gott möglich. Andere, ach so wichtige Meinungen der Gesellschaft und der Medien, wir könnten sie getrost außer Acht lassen.

Was dies mit unseren Kindern zu tun hat? Nun, dieses erlebte Kontrollverhalten, das uns im Grunde selbst nicht gefällt, üben wir jetzt gegenüber unseren Kindern aus. „Wie stünden wir denn da, müssten wir sagen, unsere Kinder lernen oder arbeiten nicht“? Wir benutzen die Kids. Wir lassen sie gegeneinander „antreten“. Wer geht in welche Schule und wer ist wohl der Beste unter ihnen.

Dadurch schlagen wir leider gleich zwei Fliegen mit einer Klappe. Die Kinder lassen den Druck, der ihnen dadurch entsteht, zumindest vorerst zu, um sich unserer Liebe, eventuellen beruflichen Aussichten oder einer finanziellen Basis, sicher zu sein. Wir als Eltern nähren so unser Ego und finden dadurch Halt.

Schon im kleinsten Kreis, nämlich innerhalb der Familie, wird der Ursprung für Konkurrenz, Neid, Kontroll- und Machtverhalten und somit die beste Grundlage für Korruption geschaffen. Wir brauchen nicht stolz darauf zu sein, schon bei unseren Kindern zu einer solchen persönlichen Einstellung beigetragen zu haben, die später den ganzen Erdball überflutet.

„Wissen ist Macht“, „Unwissenheit schützt vor Strafe nicht“. Solche Aussagen sind bekannt. Der Tenor lautet: „nur eine gute Ausbildung sichert gute Berufsaussichten. Ohne Zeugnisse, Bescheinigungen, Diplome oder akademische Titel, gibt es keine Arbeit“.

Wer bekommt jedoch tatsächlich eine Arbeitsstelle, ein Amt oder einen Lehrstuhl angeboten? Wer wird wirklich mit einer Position betraut? Derjenige, von dem ausgegangen wird, dass er kontrollierbar und deshalb von Vorteil ist. So zu agieren, wurde einem ja schon im Kindesalter beigebracht. Man kennt es nicht anders.

Wozu also das „Hineinstopfen“ von sogenanntem Wissen, das ausschließlich aus Vorgaben einer bestimmten Institution besteht? Um noch besser steuerbar zu sein? Dieses ganze erlernte „Wissen“ – trägt es dazu bei, dass wir glücklich sind? Ist es die Basis für eine florierende Beziehung, eine harmonische Ehe? Wohl kaum.

Wie es anders sein könnte? Indem wir unser Potential, unsere gesamten Energien, ausschließlich für uns selbst verwenden. Automatisch verändert sich so unsere Schwingung. Ein reibungslos(er)es Miteinander entwickelt sich und kann gedeihen.

Ich finde an mir selbst Halt und brauche bei niemanden Halt zu suchen. Bewunderung, Lob und Anerkennung, ist schön, muss aber nicht sein. Ich bin mit mir selbst vollauf zufrieden, habe an mir selbst genug. Neid würde im wahrsten Sinne des Wortes verblassen.

Bei dem einen oder anderen Leser könnte gedanklich ein Problem auftauchen, das ich folgendermaßen formuliere: „Derzeit läuft es halt so in unserer Welt. Außerdem, nehmen wir an, so ein friedliches Miteinander würde funktionieren. Was hätte ich als Einzelner davon, mich in Richtung meines wahren Ich zu entwickeln?"

Dann würde ich antworten: es geht immer nur um dich. Alles beginnt, alles endet bei dir. Alles, von dem du irgendwann geträumt hast, deine innigsten Wünsche, all das, was andere verbissen versuchen, zu erreichen, wird dir einfach „zufliegen", ganz von alleine.

Nicht nur, dass sich Ausübung von Kontrolle ganz besonders bei Kindern auswirkt, gestehen wir uns natürlich nicht ein, unsere „Kleinen" zu kontrollieren – wir lieben sie doch!

Wieder einmal spielt das kleine Wörtchen Angst eine große Rolle. Angst beherrscht viele unserer Lebenssituationen und wird noch mehrmals in diesem Buch zu lesen sein. Angst, Kontrolle und Machtausübung sind nahe Verwandte und enge Verbündete.

Angst, nicht vor einer anderen Person, sondern Angst vor uns selbst. Das, wovor wir Angst haben, wollen wir auch noch kontrollieren. Dabei können wir uns doch selbst kaum kontrollieren. Jede Energie, die uns zur Verfügung steht, nutzen wir, um angstverursachende

Zustände mit beiden Händen zu packen, festzuhalten und richtiggehend „einzusperren“. So brauchen wir nie wieder Angst zu spüren. Wir können uns wieder wohlfühlen - meinen wir.

Jetzt haben wir unsere Angst fest im Griff. Wir brauchen uns nicht mehr mit ihr zu beschäftigen. Wir haben sie verdrängt. Jedoch, da wir uns in der Vergangenheit so ausgiebig mit unseren Ängsten auseinandergesetzt haben, sind diese mittlerweile für uns so groß geworden, dass wir sie nicht mehr übersehen können. Wir haben zusätzlich Angst, uns mit unseren Ängsten zu beschäftigen. Und so kreisen unsere Gedanken nun auch noch um die Angst vor der Angst.

Du weißt ja, du solltest deine Gedanken kontrollieren und nicht umgekehrt. Konzentrierst du deine Gedanken fast ausschließlich nur mehr auf deine Ängste, wundere dich nicht, wenn gedanklich kein Platz mehr für die schönen Dinge des Lebens ist. Und bei diesem Gedankenspiel kann dir k e i n a n d e r e r M e n s c h helfen.

Jedoch sollte es ein Leichtes für dich sein, deine Gedanken zu korrigieren, wo du doch ständig versuchst, sogar die Gedanken anderer zu erraten und zu kontrollieren.

Stelle dich solch einem gedanklichen Kreislauf, aus dem es scheinbar kein Entrinnen gibt. Habe den Mut, dir deiner Ängste bewusst zu werden und gehe ihnen auf „den Grund“. Schiebe sie nicht weg. Versuche, mögliche Ursachen für deine Ängste, die n i e durch irgendetwas begründet sind, zu eruieren. In völliger Ruhe und Abgeschiedenheit, ausschließlich in deiner eigenen Gesellschaft. Niemandes Ratschlag ist für dich dabei wichtig oder vorteilhaft.

Irgendwann wirst du über Umstände und Sichtweisen, mit denen du deine Ängste begründet hast, nur mehr lächeln. Deine Ängste werden weitgehend verschwinden. Vielleicht erscheint dabei das nächste Kapitel nützlich.

Abschließend in diesem Kapitel noch folgendes: **Danke ständig Gott und den Engeln für die Unterstützung, die du brauchst, um zu verstehen. Eine größere Hilfe wird dir nirgends zuteil.**

Noch kurz zurück zu unseren kleinen und schon größeren Lieblingen, mit folgender Sichtweise: unsere Kinder bangten um unsere Liebe – um die Liebe ihrer Eltern. Sie fügten sich deshalb unseren Vorgaben. Doch auch wir wollen von unseren Kindern geliebt werden.

Nun könnte es sein, die Kinder „drehen" irgendwann „den Spieß um". So wie sie es von uns gelernt haben. Sie machen sich unsere Angst, nicht mehr von ihnen geliebt zu werden, zunutze. Meist praktizieren sie dieses Kontroll- und Machtspiel weitaus besser, als wir selbst es seinerzeit ausübten. Materielle Vorlieben unserer Kinder spielen dabei, wie erwähnt, nicht selten eine Rolle.

Schlechtes Gewissen?

Meine Exfrau „warf“ mir im Zuge hitziger Debatten manchmal „an den Kopf“, ich hätte kein Gewissen. Sonst würde ich doch so oder so nicht handeln oder machte diese oder jene Aussage nicht. Keine Ahnung, ob es ihr danach besser gegangen ist, als sie merkte, dadurch bei mir Schuldgefühle hervorgerufen zu haben. Wollte sie vielleicht mein Mitleid, in dem sie sich baden konnte?

Was soll man von den, der Menschheit eigenen, irgendwoher übernommenen, Denkweisen halten? Von beschwichtigenden Phrasen, wie „wir machen alle Fehler, wer ist schon perfekt?“ oder „niemand ist fehlerfrei“. Von einer Beraterin in Lebensfragen war in einer Zeitung zu lesen „wir sollten unbedingt Verhaltensfehler vermeiden“ - aha.

Wir haben ein schlechtes Gewissen, weil wir glauben wollen, bei der Erziehung unserer Kinder, in der Partnerschaft oder sonstwo, Fehler gemacht zu haben. Wir haben anderen gegenüber ein schlechtes Gewissen, weil wir vielleicht ein Geschenk angenommen haben, oder weil uns etwas Gutes getan wurde. Glauben wir, es stünde uns nicht zu? Jedem das Beste in seiner ganzen Fülle!

Ein schlechtes Gewissen schafft Schuldgefühle - oder - verursachen Schuldgefühle ein schlechtes Gewissen? Für eine bestimmte

Situation laden wir uns die „Schuld dafür“ auf. Wiedergutmachung leisten für etwas, das bereits geschehen ist - um jeden Preis. Wie soll das gehen und wozu soll das gut sein? Ist es nicht so, dass **es immer gut ist, wie es ist?**

Die nächste Wahrheit, die mit Füßen getreten wird, zitiere ich, wie folgt: „Bei Scheidungen sind halt ganz besonders die Kinder die Leidtragenden. Sie können ja nichts dafür, dass die Ehe geschieden wurde. Es fehlt ihnen jetzt natürlich die Sicherheit und die Geborgenheit innerhalb der Familie. Kein Wunder, wenn sie sich nur schwer zurechtfinden“.

Ein diesbezüglich schlechtes Gewissen könnt ihr (als Eltern) schlicht vergessen. Wäre diese „Sicherheit und Geborgenheit“ in der Familie vorhanden gewesen, wäre die Ehe nicht geschieden worden. Stattdessen mussten die Kinder den wahrscheinlich ständig vorausgegangenen Frust von Mama und Papa miterleben.

Bub oder Mädchen - sie wussten mit ihrer dauernden Angst, plötzlich völlig auf sich selbst gestellt zu sein, nicht umzugehen. Konnten sie ihren Eltern noch vertrauen, die scheinbar selbst mit der Situation völlig überfordert waren? Die ihr zukünftiges Glück nur davon abhängig machten, wieviel Geld und Besitztümer ihnen blieb?

Ob jetzt die geschiedenen Elternteile, jeweils für sich, besonders um die Gunst ihrer Kids „kämpfen“ oder auch nicht – die Kinder sind sich des Mitleids, das ihnen nach der Scheidung ihrer Eltern von verschiedenen Seiten entgegengebracht wird, wohl bewusst. Sie erinnern sich aber auch daran, dass ihnen vielfach der Wille ihrer Eltern aufgezwungen wurde. So spüren sie, egal in welchem Alter, sie können ihre, vorher gedämpften Gefühle, wieder leben.

Dass diese „Scheidungswaisen“ unter Umständen Verhaltensweisen an den Tag legen, die ungewöhnlich sind, um zu testen, wie weit sie ihrem freien Willen frönen können, ist sehr erfreulich. So haben sie die Möglichkeit, die Geborgenheit bei sich selbst zu finden. Glaubst du, Kinder können diese Variante der Bewusstseinsbildung in sogenannten „intakten“ Familien immer wählen?

Ich appelliere an alle Eltern und speziell an Geschiedene, wo es besonders schwer erscheint: reagiert aus lauter Mitleid oder schlechtem Gewissen nicht (oder nicht wieder) mit übertriebener Fürsorglichkeit. So helft ihr euren Schützlingen in keinem Fall. Im Gegenteil! Ihr hindert die Kinder durch dauerndes Eingreifen daran, selbst eine für sie gültige und akzeptable Sichtweise zu finden und wieder auf ihr Gefühl zu hören.

Findet ihr noch immer, Kinder, deren Eltern geschieden sind, sind ärmer, als Kinder in aufrechten Ehen?

Gerne wollen wir anderen für etwas, was uns halt so einfällt und gerade nicht „rundläuft“, die Schuld zuschieben. Um beim Anderen ein schlechtes Gewissen zu verursachen, oder/und um etwas zu erreichen. Vielleicht aber auch nur, weil es einfacher scheint, ein „Problem wegzuschieben“, als sich selbst damit zu befassen.

Vor allem aber deshalb, weil wir immer wieder vergessen, für jede Situation, in der wir uns gerade befinden, selbst verantwortlich zu sein. Nur durch u n s e r Handeln und u n s e r Denken entsteht mancher Lebensabschnitt, der uns sehr oder so gar nicht gefällt.

Wir sind es gewohnt und sehr geübt darin, sie bei anderen, auch unbewusst, zu verursachen. Schenken wir ihnen deshalb besondere Beachtung, indem wir sie unbedingt restlos auflösen. Es ist für niemanden von Nutzen, sie entstehen zu lassen. Trotzdem nehmen sie bei vielen Menschen erschreckende Ausmaße an. Teils lassen wir zu, dass andere sie verursachen. Letztendlich konstruieren wir diese aber durch unsere Gedanken – die e i g e n e n Schuldgefühle.

Mehr oder weniger scheint jeder Mensch mit seinen eigenen Schuldgefühlen beschäftigt. Der eine offensichtlich, der andere versteckt. Wieder andere verstehen es, sie nicht zu zeigen, zu überspielen, zu verdrängen. Ohne zu merken, welch` große Rolle Schuldgefühle bei ihnen spielen.

Vielen wird ihr ganzes Leben nicht bewusst, wie sehr sie mit diesen Gefühlen „kämpfen“. Über Jahrhunderte und Jahrtausende schon ist man bestrebt, Menschen dieses besonders starke Gefühl der Schuld einzureden, um daraus Vorteile für sich selbst zu ziehen.

Was würden unsere Mitmenschen sagen, machte man ihnen plausibel, dass es Schuld gar nicht gibt. Dass das Wort Schuld, wie andere Wörter und Formulierungen mit ähnlichen Bedeutungen auch, von Institutionen und Religionen nur erfunden wurde, um zu manipulieren und zu dirigieren? Um Willensfreiheit gegenüber materiellen oder inmateriellen Wertvorstellungen, die wiederum von den Menschen und nicht von Gott erfunden wurden, einzuschränken?

Ich meine, sie (die Mitmenschen) würden es nicht glauben und diese Worte, angesichts des momentan auf der Welt vorherrschenden Regelwerks, nur mit einem Kopfschütteln quittieren.

Schuldgefühle behindern uns. Sie verhindern unsere weitere Entwicklung. Ich selbst wäre früher nie auf die Idee gekommen, anders zu handeln, als ich eben handelte. Meine Schuldgefühle waren breit gefächert. Am stärksten jedoch waren sie vorhanden gegenüber meinem Sohn.

Trotzdem ich alles versuchte, der Desorientierung meines Sohnes entgegenzuwirken - er verweigerte manchmal tagelang jegliche Nahrungsaufnahme – wurde natürlich nichts besser. Indem ich meine ganze Energie dafür aufwendete, vergrößerte ich das Problem nur.

Nicht nur das Problem wurde größer. Mit den Sorgen um meinen Sohn wurden auch meine Schuldgefühle intensiver. Ich belastete mich stets aufs Neue. Diese Last war für mich kaum mehr tragbar. Selbstmitleid war das Einzige, das ich noch für mich übrig hatte. Ständig das Gefühl zu haben, schuldig und für meinen Sohn verantwortlich zu sein, drängte mich an den Rand des Wahnsinns.

Keine Ahnung, ob ich zu diesem Zeitpunkt Gott und die Engel um Hilfe gebeten habe. Auf jeden Fall wurde „sie" mir zuteil. Irgendwann war mir sonnenklar – entweder ich zog sofort gedanklich die Notbremse oder ich würde mich in einer psychiatrischen Klinik wiederfinden. Ich entschied mich für Ersteres.

Andere Sichtweisen, als meine eigenen, waren mir damals fremd. Sie interessierten mich auch nicht. Gedanklich ließ ich mich völlig vereinnahmen. Ich dachte, es müsse mir unter den gegebenen Umständen ja schlechtgehen, was sonst? Doch da war auf einmal ein anderer Gedanke, der immer realer wurde.

Niemandem würde es nützen, schon gar nicht meinem Sohn, wenn ich kraft- und energielos am Boden lag. Ganz egal, was noch geschehen sollte. Ich wollte es nicht mehr zulassen. Niemand und Nichts sollte in Zukunft wichtiger sein, als ich selbst. Auch meine beiden Kinder mussten sich „hinten anstellen". Ansonsten würde ich mich nie wieder um sie kümmern können.

Für mich der einzige Ausweg, meinen Bewusstseinszustand wieder zu stabilisieren.Trotzdem war ich weiterhin versessen darauf, dem schlechten Gewissen Einlass zu gewähren. Immer wieder klopfte es an meine Tür.

Hätte ich nur einmal über die Sinnhaftigkeit unseres Wortschatzes und dessen Aussagekraft nachgedacht. Diese Tür wäre vielleicht schon damals mit den Worten: „ge(h), du vermeintliches Wissen", verschlossen geblieben.

Wir Menschen haben keine Schuld und wir sind nie schuldig, egal, was wir getan haben. Manchmal verstehen wir es halt nicht besser. Daraus kann uns aber kein Vorwurf gemacht werden. Gewohnte Gedankengänge, eine immer gleiche Reaktion in Form einer verstandesgemäßen Abfolge von Gedanken, verhindert ein anderes Tun, als üblich.

Internationale Organisationen oder auch Regierungen wollen beurteilen, wer eigennützige Gesetze und Vorschriften missachtet und deshalb schuldig ist? Dass solche Vorgaben nicht das Papier wert sind, auf dem sie geschrieben sind, davon können sich die Verantwortlichen überzeugen, wenn das Volk genug von solchen Kontrollmaßnahmen hat.

In keinem Fall brauchen wir dem schlechten Gewissen, auch nur ansatzweise, Aufmerksamkeit schenken. Das ist vergeudete Zeit.

Geschieht etwas nicht nach gewissen Vorstellungen, werden wir unter Umständen eines „Fehlers“ bezichtigt oder wir glauben, selbst einen „Fehler“ begangen zu haben.

Aber - es fehlte ganz einfach nur etwas, damit die jeweilige Situation mit der göttlichen Ordnung vereinbar war. Wie kommen wir darauf, deshalb schuldig sein zu müssen?

Bedenken wir, wir selbst sind Teil des göttlichen Gefüges. Damit dieses Gefüge zusammenpasst, damit es harmoniert und als Ganzes funktioniert, sind oft noch weitere Umstände erforderlich. Welche das sind, wissen wir meist nicht. Deshalb sind auch andere Menschen, bewusst, aber meistens unbewusst, gefordert, als Statisten ihren Beitrag zu leisten. Damit letztendlich ein vollkommenes, uns gefälliges Ergebnis, zustande kommt.

Jemand glaubt, einen „Fehler“ begangen zu haben. Ein Anderer profitiert womöglich von diesem sogenannten Fehler. Wenn das so ist, können wir dann, egal in welchem Zusammenhang, jemals von etwas Fehlerhaftem sprechen?

„Fehler“ im privaten Bereich, im Berufsleben, im gesellschaftlichen Umfeld - es ist nicht wichtig. Wir finden uns alle in Situationen wieder, aus denen wir lernen können, und das ständig. Es werden uns stets Verhaltensweisen unserer Mitmenschen gespiegelt.

Wir spielen solange in parallelen, uns schon bekannten, sich immer wiederholenden, Lebenssituationen eine Rolle, bis uns bewusst ist, was wir ausschließlich bei uns selbst zu korrigieren haben.

Hier gilt das gleiche Muster, wie bei der „Schuld“. Dein Gegenüber in oberflächlicher Denkweise für einen „Fehler“ verantwortlich machen. Oder - die Sache mit einem kurzen Gedanken nach dem Motto „den Fehler mache ich kein zweites Mal“ abhaken. Ja, dann wirst du dich noch mit vielen „Fehlern“ herumärgern müssen und vermeintlich Schuld auf dich laden – versprochen!

Als Ergänzung dieser Aufzählung sprachwörtlich gebrauchter Wörter, in deren Zusammenhang es uns nicht gut geht, noch ein paar Worte zum Mitleid. Wir wollen oder sollen anscheinend mit anderen mitleiden! Das alleine ist schon schlimm genug.

Zeigen wir in bestimmten Situationen kein Mitleid, heißt es auch noch, wir wären gefühllos, „kalt“ oder würden keine Anteilnahme zeigen. Kaum jemand gesteht sich selbst ein, manchmal unbedingt Mitleid zu wollen, obwohl sich viele darin sehr wohl fühlen.

Vehement wird noch klargestellt, natürlich kein Mitleid haben zu wollen. Wie würde das denn auch aussehen? Scheinbar ist es aber doch in unserer Welt eine gern in Anspruch genommene und „effiziente“ Handlungsweise.

Gerne schlüpfen wir in eine Opferrolle, um Aufmerksamkeit zu erregen, oder Vorstellungen durchzusetzen. Hoffen wir vielleicht gar, uns wird dadurch Liebe zuteil? Ein Tun mit unter Umständen weitreichenden Folgen. Viele lassen sich von gewolltem Mitleid anderer, vor allem, wenn dieses nicht offen zur Schau getragen oder ausgesprochen wird, völlig vereinnahmen.

Ja, ja, die verzweifelte Suche nach der Liebe. Wir tun doch alles, um Liebe von anderen zu erhaschen. Schon in der Kindheit kam es uns manchmal so vor, als wären wir nur geliebt worden, wurden wir den Vorstellungen unserer Eltern gerecht. Waren wir brav, wurden wir mit einem Lächeln oder einer Umarmung belohnt. Ansonsten konnte es scheinbar nie genug sein. Das wohlige, warme Gefühl der Liebe, wo war es?

Enttäuschung und eine daraus resultierende Angst, wieder enttäuscht zu werden, nahmen wir später in die Partnerschaft mit. „Jetzt hatten wir ja schon mehr Erfahrung und waren nicht mehr abhängig von den Eltern“. Vollkommen gingen wir auf die Wünsche, Vorstellungen und Erwartungen unseres Partners ein. Jedoch die Liebesbeziehung, von der wir träumten, wo war sie?

Mittlerweile hatten wir uns umgehört und professionellen Rat eingeholt. Auch das richtige „Timing“ sei ja sehr wichtig. Nun denn, das nächste Mal wollten wir das Ganze „langsam angehen lassen“. Die Liebe, die Beziehung, das Miteinander, musste erst reifen.

Nach ein paar Jahren aber war trotzdem nichts von einer „großen Liebe“ zu erkennen. Auch das konnten wir natürlich begründen. Nämlich - die Zeit vergeht und vieles ist zur Gewohnheit geworden. Es kann nicht mehr so schön sein. Sicher fehlt der Reiz des Neuen.

Wann wäre den jetzt der richtige Zeitpunkt gewesen?

Das Gefühl, das wir am liebsten in die Welt hinausschreien möchten. Das Gefühl der Liebe zu einem anderen Menschen, das uns immer wieder aber auch irritiert, solange wir nicht bei uns selbst genug Vertrauen und Frieden finden. Wodurch wir oft keinen klaren Gedanken mehr finden und uns ein solches Miteinander manchmal das Leben schwer macht. Deshalb finde ich es wichtig genug, auch in diesem Buch neuerlich dafür Platz zu schaffen.

Sind wir uns gegenüber ehrlich, geht es uns bei folgender Denkweise ja nicht wirklich gut. Und doch handeln wir ständig nach dem gleichen Schema: „Er gefällt mir und ich habe mich einfach an ihn gewöhnt. Jetzt gehört er mir und ich werde meinen Besitz auf alle Fälle verteidigen, egal wie. Ob mein Partner das auch will, ist mir egal. Ist es notwendig, kämpfe ich um ihn“.

Man erkennt, fühlt man sich zueinander hingezogen. Man spürt, den anderen auf alle Fälle wiedersehen zu wollen. Ihn unbedingt an der eigenen Liebe teilhaben lassen. Eine romantische Beziehung aus beiderseitigem freien Willen – das logische Ergebnis?

Ich gehe jetzt nicht davon aus, schon am Beginn einer Beziehung Angst zu haben, ob diese auch beständig sein wird. Solch eine Partnerschaft ist ohnehin von Anfang an zum Scheitern verurteilt.

Auch möchte ich nicht auf jenes Tun eingehen, wodurch sich Mann und Frau selbst nur ständig mit Energien umgeben, von denen sie mit Sicherheit nicht profitieren. Ich spreche davon, probieren zu wollen, „ob ich (noch) beim anderen Geschlecht ankomme“ und somit nur Kontrolle ausübe, nichts weiter.

Bei der von mir erwähnten romantischen Beziehung lassen wir vorerst nur unser Gefühl sprechen. Es ist meist wunderschön. Andere Gedanken stellen wir in eine Ecke und lassen sie für einige Zeit auch dort. Wir schweben auf der berüchtigten „Wolke 7“.

Irgendwann glauben wir, ohne unseren Partner nicht mehr leben zu können. Wir finden doch soviel Halt an seiner Person und er darf auf keinen Fall mehr „gehen“. Damit lassen wir unsere Angst entstehen. Angst, ihn oder sie zu „verlieren“. Jetzt schaltet sich auch noch unser Verstand dazu. Der teilt uns mit, alles tun zu müssen, damit genau das nicht passiert – wir wollen die Situation kontrollieren.

Unserem(r) Angebeteten lesen wir jeden Wunsch von den Augen ab. Doch, trotzdem wir uns wirklich bemühen, die Beziehung wird immer schlechter. Jede Angelegenheit endet nur mehr in Streit und Zwist. Vorwürfe sind an der Tagesordnung. Was ist geschehen?

Natürlich könnte sein, auch der angebetete Partner ist nicht unbedingt mit Selbstvertrauen gesegnet. Er will die ganzen Annehmlichkeiten, die ihm (an)geboten werden, nicht annehmen. Er erlebte so etwas Schönes in seinem Leben noch nie und ist es einfach nicht gewohnt. Weil er nicht darauf vertraut, diese schönen Dinge nur genießen zu brauchen, ohne irgendeinen Nachteil oder eine List zu erwarten.

Weil er sich plötzlich Schuldgefühle einbildet, die ihn folglich mit einem schlechten Gewissen konfrontieren. Weil er jetzt seinerseits Angst bekommt, seinen Partner zu verlieren. „Vielmehr wäre von Nöten gewesen, um zumindest ansatzweise das Schöne zu vergelten, das ihm zuteil wurde. Es kam von ihm nur so wenig...". Oder sah er sich einfach nur in seiner Freiheit eingeschränkt?

Bei der Vielzahl an eigentümlichen Gedanken in Beziehungen hier noch eine Variante der Angst. Angst, den eigenen starken Gefühlen zu vertrauen, die gewohnte Kontrolle vollends aufzugeben. Sich nicht mehr dagegen wehren und diese Gefühle nicht mehr bekämpfen wollen. Bisher musste man doch immer gegen etwas ankämpfen.

Egal, wie solche Situationen ausgehen. Ob die Partnerschaft unter irgend einem Vorwand schließlich beendet wird. Ob die Beziehung aus Mitleid, wegen der gemeinsamen Kinder, oder aus Angst, alleine zu sein und nicht zurechtzukommen, „vernunftsweise" aufrecht erhalten wird.

Sobald du dich nicht mehr auf das Gefühl der Liebe und Zuneigung konzentrieren willst, ohne dich ständig von irgendetwas Anderem abhängig zu machen, fangen die Probleme an.

Hier wiederhole ich mich absichtlich: **Kämpfe auf keinen Fall** um die Liebe deines reizenden Gegenübers, deines Partners. Versuche niemals, eine Liebe oder eine Beziehung ständig in irgendeiner Form zu „pflegen" oder „aufzufrischen". Du wirst in beiden Fällen früher oder später eine Enttäuschung erleben.

Will jemand bei dir sein, ist er sowieso an deiner Seite – und das aus freiem Willen.

Viel wichtiger ist das Vertrauen und die Liebe zu dir selbst. Vertraue ich mir selbst nicht, liebe ich mich selbst kaum oder gar nicht – wie soll ich einen anderen lieben und vertrauen können? Wie du die Liebe zu dir oder in dir selbst wieder entdecken kannst?

Indem du, auf deinem Weg zum wahren Ich, dein Selbstwertgefühl durch ständige, kleine, persönliche Erfolge, stärkst und stolz auf dich selbst bist. So wird dein (Selbst-)Vertrauen hervorlachen. Und - indem du darauf vertraust, dass die himmlischen Mächte für dich nur das Beste erreichen wollen.

Noch etwas: Nicht die Alltagsprobleme sind verantwortlich für Ungereimtheiten in der Liebe, in der Beziehung oder Partnerschaft.

Sondern „hausgemachte", oben zitierte Gedanken, die Liebe betreffend, machen uns im Alltag zu schaffen. Liebe einfach nur, ohne wenn und aber. Vertraue darauf und auf dich selbst – dann hat auch die Eifersucht keine Chance.

Sind wir noch zu retten?

Aber natürlich! Die Wahrheit gefällt uns halt nicht immer, so wie sie ist. Man kann sich ja etwas Angenehmeres vorstellen, als auch noch den Finger auf die offene Wunde zu legen. Eine andere Wahrheit, als die Eigene – ist das denn möglich? Meist fürchten wir ja Wahrheiten generell. Sie sind in der Regel unpopulär, unliebsam, scheinbar nicht für uns von Vorteil und selten gerne gehört.

Mehr Toleranz anderen Meinungen gegenüber! Die Erhabenheit, andere Sichtweisen zuzulassen oder zumindest zu überdenken. So könnten wir uns die Energie sparen, die wir aufwenden, um als Antwort einen sofortigen verbalen Angriff, Beschimpfungen, oder zumindest eine Gegenbehauptung zu starten – wir wollen doch auf keinen Fall unsere Unsicherheit zur Schau stellen. Kampfrhetorik ade! Willkommen bei einem liebevolleren Miteinander!

„Es ist zu schön, um wahr zu sein". Ich denke, diese Worte sind, werden sie ausgesprochen, auch genau so gemeint. Wir zweifeln einen Zustand an, der schön ist und den wir nur zu genießen bräuchten. Etwas so Schönes kann es doch nicht geben, wir glauben es einfach nicht – glaubst du das? Ist es nicht bemerkenswert - wir sind der Ansicht, es geht etwas nicht mit rechten Dingen zu, wenn es uns gut geht? Wenn wir schöne Dinge erleben?

Die Gewohnheit ist der Grund dafür, warum es uns so schwer fällt, unser Denken zu korrigieren. Seltsam - obwohl wir ein freudvolleres Leben führen könnten.

Würden wir auch nicht mehr jammern und schimpfen, wie ungerecht denn das Leben sei. Beklagten wir uns nicht mehr, heutzutage niemanden mehr vertrauen zu können. Es wäre trotzdem nicht leicht, uns daran zu gewöhnen, **uns selbst zu vertrauen.**

Fast scheint es, es wäre uns lieber, wir fühlten uns nicht so wohl, es ginge uns nicht so gut – ist das nachvollziehbar? Versuchen wir ruhig, uns zu vertrauen. So handeln wir intuitiv und es fällt uns leichter, wieder anderen zu vertrauen.

Aus eigener Erfahrung weiß ich aber, wie schwer wir uns das machen. Schließlich wurden wir über Jahre oder Jahrzehnte hinweg geprägt und praktizieren diese gedanklichen „Schlechtigkeiten“ ja schon lange genug.

Ein paar Beispiele gefällig?

- Ich selbst, der ich meinen neuen Anfang lobgepriesen habe. In meinem ganzen Leben ging es mir noch nie so gut, fühlte ich mich noch nie so leicht und beschwingt. Mein Leben hatte bis zu diesem Moment immerhin bereits 46 Jahre gedauert. Trotzdem konnte ich es zwischendurch einfach nicht lassen, in verschiedenen Lebensabschnitten wieder zu grübeln und mir gedanklich die Stimmung zu vermiesen.

Das hatte zur Folge, dass ich mich unbewusst selbst wieder daran erinnerte, wie gewohnt unzufrieden und wie gewohnt schlecht es mir gegangen war. So ein Bewusstsein sehnte ich wahrlich nicht mehr herbei. Und so setzte ich mit Hilfe der Engel alles daran, meine Gedanken wieder zu korrigieren und mich an den neuen Zustand zu gewöhnen – es funktionierte.

- Manchmal versuchte ich, das oft rauhe Berufsleben, oder auch angespannte Situationen im privaten Bereich, etwas aufzulockern. Dabei schenkte ich dem einen oder anderen ein Lächeln, machte Komplimente oder sprach ein Lob aus. Anstatt Freude auszulösen, erreichte ich dadurch oft genau das Gegenteil.

Nach einem kurzen Moment der Ratlosigkeit kapierte ich - meine Aussagen oder mein Tun wollten einfach nicht geglaubt werden. Irgendetwas musste doch hinter diesen netten Gesten und Worten stecken. „Was wollte er damit erreichen? Will er mich verarschen? Natürlich, ist ja typisch und in dieser Zeit üblich“. Sind sie nicht toll, unsere „üblichen“ Gedankengänge?

- Weil mein Bruder verschiedene Dinge für mich erledigt hatte, sprach ich ihm gegenüber eine Einladung zum Essen in ein Lokal aus. Er lehnte dies mit der unwirschen Begründung ab, dies sei doch lächerlich, ihn dafür einladen zu wollen. Auch er wollte Gutes nicht einfach so annehmen und genießen, ohne sich vielleicht gar schuldig zu fühlen. Erst auf meinen Einwand hin, es gäbe doch wohl etwas Unangenehmeres, willigte er ein.

- Man könnte sagen, ich trat mir schon ein paar Mal einen „Nagel ein", indem ich ungefragt versuchte, jemanden zu trösten oder zu beraten. Was ich daraufhin auch nicht mehr praktizierte.

  Denn spätestens nachdem ich empfahl, bei der eigenen Person zu beginnen, die eigene Einstellung zu überdenken, um die Situation in den Griff zu kriegen, fühlte sich dieser jemand jeweils von mir verbal angegriffen.

  Letztendlich wurde i c h mit Kritik überhäuft und manchmal sogar beschimpft. Mit keinem Wort kam noch das ursprüngliche Thema zur Sprache, das eigentlich Auslöser der Situation gewesen war.

Gedacht war diese Darbietung als Veranschaulichung des, für den einen oder anderen vielleicht provokant klingenden, Titels dieses

Kapitels. Wir sind zu retten. Nur bitte, fangen wir bald an, Notwendiges zu korrigieren.

Achte gelegentlich, wenn du zu Fuß oder mit den Öffis (öffentliche Verkehrsmittel) unterwegs bist, oder sonst mit Leuten Kontakt hast, auf die Mimik der Menschen. Diejenigen die dir mit finsterem, unzufriedenem Gesichtsausdruck begegnen, werden bei weitem überwiegen. Die Augen ausdruckslos und leer oder voller Groll und Zorn über „Gott und die Welt".

Es liegt nicht in unserer Hand, die Welt zu verbessern, aber es liegt in unserer Hand, u n s zu ändern. Damit es u n s wieder besser geht.

Die oben beschriebenen Menschen haben vielleicht alles verloren, was ihnen wichtig war und woran sie Halt fanden. Möglicherweise starb ein geliebter Mensch oder ist dieser sehr krank. Eventuell wurde die Ehe geschieden oder sie beendeten eine Beziehung. Vielleicht ist ihre Arbeitslosigkeit oder einfach ein beliebiger Lebensabschnitt, mit dem sie nicht zufrieden sind, Grund für ihren Bewusstseinszustand.

Solche Situationen werden uns serviert, damit wir uns (wieder einmal) um das Wichtigste in unserem Leben kümmern – um u n s s e l b s t . Die meisten Menschen werden dies wahrscheinlich kaum akzeptieren wollen. Sie werden in ihrem ganzen Leben nur das glauben, was sie sehen. Das wird für ihre Entwicklung meist nicht förderlich sein.

Du brauchst wieder einmal dringend Ruhe und Erholung? Dann geht`s schon wieder? Mit der Ruhe stimme ich dir zu. Ob es aber möglich sein wird, dich zu entspannen, an einem verlängerten Wochenende, auf einem ruhigen Plätzchen, im Urlaub, auch über mehrere Wochen, einfach nur so?

Ja, da wären dann noch die kleinen Leckereien, die uns den Tag versüssen. Mit denen wir uns zuerst belohnen und danach ärgern, wegen der vielen Kalorien. Wer kennt sie nicht, die heißgeliebte Schokolade. Sie ist ja offenbar gut für die Nerven, mit ihren verschiedensten Geschmacksrichtungen.

Ansonsten stünden noch sogenannte „Stimmungsaufheller“ oder „Antidepressiva“ in Tablettenform zur Auswahl. Sind auch die wirkungslos, greifen wir dann zum „Koks“ (Kokain)?

Es gibt käuflich einfach nichts zu erwerben, was nachhaltig in triesten Situationen hilft. Deshalb wird nicht nur der „Otto Normalverbraucher“ mit sogenannten psychischen Störungen konfrontiert. Berühmte, bekannte, reiche Persönlichkeiten – sie alle sind keine Ausnahme, geht es darum, ein Leben, im besten Fall, in einer immer wiederkehrenden Depression zu führen, im schlechtesten Fall durch einen selbst herbeigeführten Tod zu beenden.

„Aber was soll`s, wir haben ja Ärzte, Psychologen und andere qualifizierte Leute, zu denen wir gehen und auf die wir uns verlassen können. Außerdem ist es bequemer, mit uns „tun“ zu lassen. Sollte die eine Behandlungsmethode nicht den gewünschten Erfolg bringen, probieren wir halt eine andere“.

Während wir so unser Dasein fristen, glauben manche Mitmenschen, sie müssten uns bei bestimmten Gelegenheiten tadeln, uns Vorwürfe machen. In der Form wird auch noch unterdrückten Gefühlen hilflos Ausdruck verliehen.

So eine scheinbar gegen uns gerichtete Reaktion sollte uns nicht berühren. Wir sind nur gerade anwesend. Im Grunde ist unser, womöglich lautstarker Kritiker, nur mit sich selbst überfordert. Es ist nicht unser Ding. Wir haben nichts getan, wodurch wir sein Verhalten provoziert haben.

Diese Situation wäre nicht zu verhindern gewesen. Weil es unser Gegenüber nicht mehr verhindern konnte. Er konnte sich selbst nicht mehr kontrollieren. Auch ein anderer an unserer Stelle - er wäre mit derselben Verhaltensweise konfrontiert worden.

Unter Umständen wäre diese Person bemüht gewesen, diesen verbalen „Ausbruch“ aus lauter Unterwürfigkeit und Angst gegenüber einer Person in übergeordneter Position oder in einer mediengerechten Situation zurückzuhalten. Die dabei zusätzlich verdrängten Emotionen hätten aber später zu einem ungleich lauteren Donnergrollen geführt.

„Seine Gefühle kann man aber nicht kontrollieren“!? Oder kann man schon? Dabei können wir doch so schön unserem Ego frönen. Außerdem erhält unser falscher Stolz wieder Genugtuung. Verwechseln wir dabei vielleicht unsere Gefühle mit verstandesgemäßem Denken? Indem wir irgendwelche Verhaltensweisen vorgeben, irgendeinen Zweck verfolgen?

Halt! Gefühle, wie Angst, Neid, Macht, Kontrolle, Hass, Zorn, Schuldgefühle, oder das Gefühl des schlechten Gewissens lassen wir ja gerne zu. Aber, was ist mit dem Gefühl der Liebe, des Mitgefühls, der Barmherzigkeit, der Demut, der Zufriedenheit, des Glücks?

Liebeskummer - ein sich auf unserer Erde ständig wiederholender Albtraum. Kein Wunder, wo Liebe die einzig wirkliche Macht im Universum ist. Auch ich wollte so einen Kummer nie mehr wieder ertragen. Deshalb ging ich der Sache auf den Grund und betrachtete ihn, mit einigem Abstand, etwas genauer.

Menschen mit Liebeskummer sind vergleichbar mit einem zerplatzten Luftballon – sie fühlen sich ganz klein, unscheinbar, wertlos und zu nichts zu gebrauchen. In aufrechter Beziehung haben sie diesen Luftballon unnötigerweise stark aufgeblasen, immer mehr angstvolle Gedanken und von Angst getriebenes Handeln hineingestopft.

Irgendwann stieg der Luftballon auf, hoch in den Himmel. Für uns nicht mehr erreichbar. So trieb er ziellos im Wind. Derart prall gefüllt mit gewichtiger, unwichtiger „heißer Luft", bedurfte es nur des geringsten Widerstandes, um ihn platzen zu lassen.

Alles was wir übertreiben, kann nicht gutgehen. Irgendwann sprengen wir einen gewissen Rahmen. Übrig bleibt eine wertlose Hülle, die uns nicht mehr nützlich ist. Das trifft auf das ganze Leben zu. **Weniger ist immer mehr!** Aber, gilt das jetzt auch für die Liebe? Ist sie eine Ausnahme? Natürlich nicht! Oder doch?

Also – auf der einen Seite scheint in diesem Zusammenhang die Liebe wieder einmal einzigartig zu sein. Je mehr die Liebe in einer Partnerschaft eine Rolle spielt, desto besser wird die Beziehung funktionieren.

Auf der anderen Seite ist auch die Liebe keine Ausnahme. Je weniger gedanklichen Müll wir mit uns umherschleppen, desto mehr Platz ist für die Liebe. Umso intensiver lernen wir das Gefühl der Liebe kennen.

Unseren Partner „nur“ an unserer Liebe und Zuneigung teilhaben lassen. So werden wir unabhängig und können es so „nehmen, wie es gerade kommt“.

Bitte nicht falsch verstehen und die für uns begehrenswerte Person als Spielzeug betrachten. Das wir unbedingt haben oder behalten wollen. Das uns gerade nützlich ist. Haben wir es satt, damit zu spielen, wechseln wir es halt einfach aus. So sind keine Gefühle im Spiel und wir können auch nicht verletzt werden – NEIN!

Dann wirst du nie eine erfüllende, sich gegenseitig ergänzende, Partnerschaft kennenlernen. Gemeint war, einfach die Liebe zu leben, ein liebevolles Miteinander, nicht mehr und nicht weniger. Beziehungen enthalten versteckte Segnungen. Jeder hat den Menschen an seiner Seite, den er verdient. Bei dem und mit dem er „wachsen“ und sich weiter entwickeln kann.

Wir werden reich geboren und verarmen mit zunehmendem Alter scheinbar immer mehr! Unser Körper zerplatzt zwar nicht wie ein Luftballon. Er rebelliert aber auch, nehmen wir zuviel an ungesunder Nahrung, aber vor allem an gedanklichem Müll, auf. Und davon kommt bis „ins hohe Alter“ meist einiges zusammen.

Genau diese Komponente und **nicht** die Gebrechlichkeit mit zunehmendem Alter führt immer wieder zu der einhelligen Meinung, „im Alter kommen halt die Wehwechen".

Die vielen Hobbys, an denen man früher Freude hatte und vor allem Halt fand. Man kann sie nicht mehr ausüben. Der Frust darüber führt zu weiteren Krankheiten. Sollen eigentlich nur Kinder aus Erfahrungen lernen? Kann wirklich „Hans" nicht mehr lernen, was „Hänschen" schon nicht lernte?

Mich selbst betrachtend, möchte ich auf keinen Fall mehr die Schmerzen durchleben, die ich als 30jähriger erdulden musste. Weshalb ich mich manchmal aus dem Bett „wälzte", um morgens aufstehen zu können. Wo ich regelmäßig von verschiedensten Infektions- und Gelenkskrankheiten heimgesucht wurde. Im Gegensatz zu meinem jetzigen Leben, als Mann von 50 Jahren, gänzlich und dauerhaft schmerzfrei.

Aber auch mein Körper rebelliert zwischendurch noch geringfügig in Form von Symptomen, die nicht wirklich einer typischen Krankheit zugeordnet werden können. Alte, „eingefleischte", mir nicht mehr dienliche Lebensmuster, sind die Auslöser dafür. Teils unbewusste, verstandesgemäße Gedankengänge hindern mich manchmal bei der Ausräumung dieser Phasen meines Lebens.

„Man hört ja immer wieder, Krankheiten haben einen psychischen Hintergrund. Es wird schon so sein. Da und dort liest man darüber. Aber das ist halt alles nicht so einfach und auf keinen Fall leicht".

Und genau in dem Moment, wo jemand so eine Aussage von sich gibt, i s t es für den Betreffenden nicht mehr leicht. Ist ein Mensch so sehr davon überzeugt und dies seine feste, unerschütterliche Meinung, wird es für diesen Jemand auch nicht mehr einfach sein.

Die Person will unbedingt, dass es problematisch ist und hält auch nichts davon, eine andere Sichtweise anzuwenden. Sie wird sich auch nicht wundern, machen sich prompt die nächsten gesundheitlichen Beschwerden bemerkbar – „ist ja klar, dieses oder jenes habe ich nicht gleich ärztlich behandeln lassen", oder „das hatte ich schon öfter und bring ich auch nicht mehr los".

In der Form brauchen wir keine Verantwortung für uns selbst übernehmen. Wir können weiterhin unserer Bequemlichkeit frönen und uns anschließend beklagen und bemitleiden, dass nichts besser wird. Wodurch wir wieder nicht herausfinden, wozu unser Körper eigentlich fähig ist. Aber vor allem – wodurch unsere Ängste immer wieder aufs Neue geschürt werden.

Positives Denken alleine oder verstandesgemäß erlernbare Abläufe für eine schnelle Bewusstseinsveränderung sind zwecklos. Unser wahres Ich muss sich langsam entwickeln können. Es kann sich nur nach und nach wieder mit uns verbinden. Solange, bis es keinerlei Gedanken bedarf, um in jeder Situation unbewusst zu handeln. Das Unterbewusstsein zum Bewusstsein machen – intuitives Handeln. Dafür nehme i c h gerne die Hilfe Gottes und der Engel an.

Durch unsere oberflächlichen und für uns persönlich meist unnützen Gedankengänge sehen wir Menschen oft nicht die Tür, die für uns offen steht. Desto bewusster wir „durchs Leben gehen", je genauer wir „hinhören", umso leichter wird uns Führung zuteil.

Meine Bücher wurden nicht v o n mir, sondern d u r c h mich geschrieben. Deshalb wird auch mir selbst immer wieder klar, was ich von dem hier Geschriebenen noch umzusetzen habe.

Angst, Angst, Angst! Die meisten Menschen verdrängen die Angst, verstecken sie in ihrem tiefsten Inneren, begründen sie auf vielerlei Art oder schieben sie so lange zur Seite, bis sie sie nicht mehr sehen. So lange, bis sie nicht mehr wissen, dass sie Angst haben. Bis sie nicht mehr wahrhaben wollen, dass der Grund für ihr Handeln ausschließlich Angst ist.

Seit jeher regiert die Angst. Religionen, im Besonderen die katholische Kirche, waren und sind seit Menschengedenken maßgeblich an diesem Szenario beteiligt. Dazu später mehr.

Angst - die Ursache allen Übels weltweit. Angst ist aber auch d e r „Liebeskiller“ und macht vor keinem der Geschlechter halt. Wie denn auch. Männlein und Weiblein sind weder unterschiedliche Lebewesen, noch haben sie unterschiedliche Bedürfnisse. Auch wenn sie sich oft mit verschiedenen weltlichen Dingen beschäftigen – beide wollen im Grunde nur Liebe und Frieden. Von wegen – die Frau kommt von der Venus und der Mann vom Mars.

Wahrscheinlich wird es in sämtlichen Galaxien so sein. Der Unterschied zwischen Mann und Frau besteht nur darin, körperlich verschieden zu sein. Jeder erfüllt dadurch seinen Zweck. Allein aus diesem Grund glauben wir, völlig verschiedene Lebewesen zu sein?

Zumindest verhalten wir uns zueinander oft so, dass man wirklich glauben könnte, wir kämen aus verschiedenen Welten. Besinnen wir uns lieber darauf – wir a l l e sind göttliche Wesen mit den gleichen Gefühlen.

Mit der biblischen Erzählung von „Adam und Eva“ ist ein seltsames Bild für die Menschheit vorgezeichnet worden. Die Frau muss die Schmerzen einer Geburt ertragen. Der Mann hat im Schweiße seines Angesichts harte Arbeit zu leisten.

Als hätten wir sonst nichts zu bieten, handeln wir ausschließlich nach unseren jeweiligen optischen „Vorzügen“. Ist es deshalb die Frau, als das sogenannte schwache Geschlecht, die versucht, sich gegenüber der vermeintlichen Männerdomäne durchzusetzen - aus Angst, sich sonst ihrem Schicksal ergeben zu müssen?

Oder ist es der Mann, als das starke Geschlecht? Stets bedacht, seiner Männerrolle gerecht zu werden. Aus Angst, unter den sogenannten „Pantoffel“ zu geraten. Sich fürchtend, als Schwächling dargestellt zu werden?

Die Frau, sich ihrer weiblichen Reize wohl bewusst, setzt diese gerne ein. Wie gewollt, verfehlt dies die Wirkung auf den Mann nicht und er wirbt um sie. Soll das Zusammenspiel von Mann und Frau in der Form so sein? Warum funktioniert es dann meist nicht?

Weil ständig die oben beschriebenen Ängste ins Spiel kommen. „Angst? Vor was oder vor wem sollte ich Angst haben? Ich fürchte mich doch nicht“. Und trotzdem wollen wir die vielen Facetten, die die Angst anbietet, praktizieren – nur Gott weiß, warum.

Angst, seine Liebe zum Ausdruck zu bringen. Angst, dabei „verletzt“ zu werden. So unbedingt die Kontrolle über eine Beziehung haben wollen. Unehrlichkeiten am laufenden Band. Nicht zu vergessen, unser Stolz, der uns öfter als uns bewusst, im Wege steht. All diese Ängste beherrschen Menschen beider Geschlechter gleichermaßen.

Vielleicht sind Frauen mehr als Männer damit beschäftigt, diese Ängste gedanklich zu leben. Weil sie meist die körperlich

Schwächeren sind. Weshalb sie aber auch eher versucht sind, die Kontrolle zu übernehmen.

Warum kann es nicht sein, dass die Frau den Mann umwirbt, ihn „erobert“ oder im Bett verführt? Weil es meist umgekehrt war, es vielfach anders gehandhabt wurde und das weibliche Geschlecht gerne mit Komplimente überhäuft wird? Oder weil sie fürchtet, sonst als sogenanntes „leichtes Mädchen“ oder als „Schlampe“ bezeichnet zu werden? Wie oft wurden Männer schon als „Casanova“ oder „Hurenbock“ betitelt?

Gut, also bleiben wir bei dem Ablauf, den wir seit jeher gewohnt sind und der uns bekannt ist. Dabei will die Frau meist auf keinen Fall sofort den Schein erwecken, Interesse an dem „reizenden“ Mann zu haben. Gerne geht sie nach dem Motto vor „man kann es ihm ja nicht zu leicht machen, ich lasse ihn erst mal zappeln“!?

Um die eigene Unsicherheit, die eigene Angst zu überspielen, redet sie, nur um zu reden. Vielleicht will sie sich dadurch noch interessanter machen, als sie es ohnehin schon ist. Sie bringt zum Ausdruck, man verstehe sie nur, denkt man wie eine Frau. Ihr Gegenüber ist ein Mann und sie erklärt sich solidarisch mit Frauen? Um von vornherein festzuhalten, wer die scheinbar Überlegene ist? Wozu?

Verstehen Frauen alles besser? Findet nur unter Frauen ein sinnvolles Gespräch statt? Quälen sich Frauen vielleicht durch ihre Frauensprache selbst am meisten oder verursachen sich selbst Stress? Oder schaffen sie dadurch nur neuerlich Unruhe, Verwirrung und Angst?

Nun - dem Mann sind in der Regel seine Ängste nicht so sehr bewusst. Er macht sich darüber kaum oder gar keine Gedanken. Schließlich ist er ja sowieso der Mann und kann bei Bedarf seine Stärke einsetzen. Vielleicht ist er aber auch nur so fasziniert von seiner „Angebeteten" und blendet deshalb alle anderen Gedanken aus, die nützlich wären. Er will die Frau unbedingt „haben". Sonst interessiert ihn nichts.

Ist „er" möglicherweise „einfacher gestrickt" als „sie"? Wohl kaum. Die beliebte Aussage, wonach Frauen, im Gegensatz zu Männern, beide Gehirnhälften benutzen (müssen?), führt mit Sicherheit nicht zum Ziel. Wir wissen ja, wie wenig wir verstandesgemäß erreichen.

Also - ursprünglich gefiel es der Frau oder dem Mann, begehrt zu werden. Jetzt fürchtet sie/er, gemäß dem Motto der Gesellschaft oder der Medien, womöglich als willkommenes Sexobjekt, schönes Schmuckstück oder nur als hübsche Begleitung zu gelten? Anstatt sich ganz der Liebe hinzugeben und sich glücklich zu fühlen?

Könnte es sein, wir sind ein liebevolles Miteinander nicht gewohnt? Wir wissen mit der Liebe einfach nichts anzufangen? Wir können nicht damit umgehen?

Und so baut Mann/Frau unter Vorgabe verschiedenster Argumente oder fadenscheiniger Begründungen einen unsichtbaren Schutzwall auf. Wir wollen doch auch weiterhin die Kontrolle über die Situation behalten. Aufkommende Verlustängste auf beiden Seiten münden in einer Abwärtsspirale, der wir oft nicht mehr entkommen.

Jeder von uns kann stolz darauf sein, eins mit Gott zu sein. Mehr geht nicht! Durch keinen anderen Umstand könnten wir zufriedener sein. Trotzdem klammern wir uns an Gedankengänge wie „ich habe auch meinen Stolz" oder „ich bin in meinem Stolz verletzt".

Mir war die Unart dieses „falschen Stolzes" lange nicht bewusst. Ich schenkte „ihm" deshalb auch kaum Beachtung. Erst als ich merkte, ich reagierte in bestimmten Situationen beleidigt und hatte Angst, mich nicht behaupten zu können, begann ich, meine Verhaltensweise zu überdenken. Wie konnte es mir selbst nur an Vertrauen mangeln, als ein Teil Gottes?

Eine Menge an Verhaltensweisen resultiert ausschließlich aus Angst. Alte Muster, die nicht zu unserem Besten sind und wieder nur Angst hervorrufen.

Jetzt noch zu einer weiteren, Variante der Angst – zur Verbreitung von Unwahrheiten. Die Ehrlichkeit liegt mir sehr am Herzen. Ehrlich zu sein, sich selbst und anderen gegenüber. Das einzige Mittel, um Missverständnisse zu eliminieren, vermeintliche Gedankengänge aufzulösen und ein friedvolleres Zusammenleben zu ermöglichen.

Und doch bauen wir immer wieder Lügengebilde auf, um uns und anderen eine heile Welt vorzugaukeln. Wir belügen uns selbst. So brauchen wir uns nicht mit unseren ganz persönlichen Themen beschäftigen, uns Dinge nicht einzugestehen.

Um ganz einfach nicht hinschauen zu „müssen“. Um von uns abzulenken. Wir belügen andere, damit diese auf keinen Fall erfahren, wie sehr wir uns unserer Ängste schämen. Nur ja immer ein freundliches Äußeres zeigen.

Ein Psychologe stellte tatsächlich eine „Lehre der Lügen“ als wissenschaftlich erwiesen dar. Ich zitiere: „Lügen ist aus psychologischer Sicht durchaus ratsam. Ohne Lügen wären wir gesellschaftlich isoliert und hätten keinen Spass mehr am Leben. Auch erleichtert es unser Zusammenleben um ein Vielfaches, soweit wir damit niemandem einen Schaden zufügen“.

Kaum zu glauben, dass jemand so etwas von sich gibt. Mir und anderen füge ich in dem Moment Schaden zu, wo ich lüge!

Indem ich auch nur „schummle“, „flunkere“, oder eine sogenannte Notlüge gebrauche, schaffe ich eine Situation, die wellenartig ausufert. Es entsteht eine Basis, eine Meinung, an der sich vielleicht andere fälschlicherweise orientieren und sich danach richten.

Habe ich Spass am Leben, wenn ich zuerst denken muss, was ich sage, weil das, was ich sage, nicht der Wahrheit entspricht? Verschwenden wir durch den dabei aufkommenden Stress nicht unnötigerweise eigene Energie?

Wissen meine Gesprächspartner hingegen, sie können sich auf jedes meiner Worte verlassen, weil sie der Wahrheit entsprechen, bin ich dann gesellschaftlich isoliert? Oder schaffe ich dadurch Vertrauen?

Hilfe kommt immer !

Von wo? Na, von oben! Alles Gute kommt doch von oben, oder? „Hilf dir selbst, dann hilft dir Gott“! Helfen wir uns selbst in Form unserer Gedanken. Manifestieren wir so unsere Ziele und Wünsche. Lassen wir den Rest Gott und die Engel erledigen. Aber lesen wir nicht andauernd, auf unsere Gefühle zu hören und den Verstand außer Acht zu lassen?

Ich glaube nicht, dass du nachdenken mußt, um zu wisssen, was deine wirklichen Wünsche sind. Liebe und innerer Frieden, verbunden mit Wohlstand und Fülle in jeder Beziehung - das wird wohl jedermanns und jeder Frau`s Wunsch sein.

Wähle dabei aus einem breitgefächerten Angebot. Lebe dich richtiggehend in den Wunsch hinein. Verinnerliche ihn, als wäre er bereits erfüllt. Als sei die Situation, die du herbeisehnst, schon eingetreten. Danke den Engeln, dass sie das Beste daraus machen.

Das war`s – so einfach könnte es sein. Du brauchst und sollst dich nicht um Einzelheiten kümmern. Lasse dich einfach von deinem Gefühl leiten.

Die Engel sind nicht nur weit „oben“ oder über uns. Sie sind auch unter uns. Sie können unsere Anliegen hören. UND – sie wollen unsere Wünsche immer erfüllen, aber auf ihre Weise. Weshalb ich rate, keine Details vorzugeben. Denn so könnte nämlich ein Ergebnis zustandekommen, das so gar nicht unseren Vorstellungen entspricht.

Anstatt die Dinge „laufen zu lassen“, wie sie laufen, fabrizieren wir einen Mix aus Ängsten, Befürchtungen und Zweifel. Durch allerlei gedankliche Vorstellungen, w i e sich der Wunsch erfüllen soll, legen wir den himmlischen Mächten Hindernisse in den Weg. Wir machen es ihnen schwer, die Raffinesse Gottes einfließen zu lassen, denn - unser freier Wille hat oberste Priorität.

Müssen oder wollen wir eigentlich, immer und immer wieder, Kompromisse eingehen? Glauben wir vielleicht nur, Kompromisse eingehen, Zugeständnisse machen zu müssen, damit ein Ergebnis zustandekommt? Muss ein Ziel sofort erreicht werden? Man immer der gleichen Meinung sein? Kann man durch Akzeptanz trotzdem profitieren und den Frieden bewahren?

Anscheinend glauben wir auch nicht, dass wir uns der Hilfe Gottes und der Engel sicher sein können. Und wir unter deren Führung ausschließlich nur selbst imstande sind, uns zu helfen.

Dann verlassen wir uns doch lieber auf den Zuspruch unseres Partners, unserer Freunde und Verwandten? Wenden wir uns hellsichtigen Menschen zu? Lassen wir uns gar von den Medien inspirieren? Beachten wir lieber allgemein gültige Lebensweisheiten und uns bekannte Lebensabläufe, nach denen wir handeln wollen?

„Das Leben ist kurz genug und ich lebe nur einmal“. Auch ich selbst suchte früher für mich nur die „Rosinen“ heraus. Danach kam lange nichts. Ich darf deshalb diesen, in seinen Ansätzen durchaus brauchbaren, Gedankengang, hier kurz interpretieren.

Wir sind uns selbst der Nächste, das Wichtigste – soweit sehr gut. Gleichzeitig fürchten wir aber ständig, zuwenig zu bekommen.

Immer mehr zu haben, immer wichtiger zu sein, immer sich ein umfangreicheres Wissen anzueignen, als andere. Dafür ist uns jedes Mittel recht. So wenden wir uns ausschließlich an Personen, von denen wir hoffen, das zu bekommen, was wir wollen. Das zu spüren, wonach wir uns sehnen. Ob andere Menschen deshalb oder dadurch Schaden erleiden oder unglücklich sind, kümmert uns kaum.

Wir benutzen Menschen, die uns für den Moment zufriedenstellen und uns glücklich machen. Die uns einen Vorteil verschaffen und unser Ego stärken. Da dieses geschaffene „Glücksgefühl“ natürlich nicht von Dauer ist, wiederholen wir solche Vorgangsweisen.

Trotz unseres „kurzen Lebens“ verschaffen wir so unseren Mentoren, unseren Gönnern, irgendwelchen Bezugspersonen, eine immense (gedankliche) Macht über uns. Ist es das, was wir wollen – unseren freien Willen in Abhängigkeit ertränken?

Du wirst mir recht geben, wenn ich ein solches Vorgehen nicht als liebevolles Miteinander bezeichne. Ist das die menschliche Natur? Oder wissen wir manchmal gar nicht, was wir tun?

Alles „Menschenmögliche“ unternehmen, unbedingt glauben, etwas erzwingen zu können. Ist die erste euphorische Stimmung über den vermeintlichen Erfolg abgeklungen, tauchen schon wieder erste Zweifel und Sorgen auf.

Nicht dass wir jetzt einen Schritt zurücktreten und göttliche Intervention einfließen lassen. Nein, w i r wollen den Lauf der Dinge bestimmen. Unbedingt das Geschehen kontrollieren, um unser gewünschtes Ziel zu erreichen – glauben wir.

„Dabei kann es ja nicht schaden, den Rat eines Freundes oder einer Freundin einzuholen. Danach ging es mir meist besser, ich fasste wieder neuen Mut und wusste, was zu tun war“.

„Wahre Freunde“ - die Einen sind froh im Kreise ihrer Freunde. Die Anderen sind traurig, weil sie keine Freunde haben. Wir bemühen uns um unsere Freunde und unterstützen sie, wenn sie Hilfe brauchen. Das Gleiche erwarten wir auch von ihnen. Meist sind wir sehr freundlich zu ihnen. Es wäre doch schade, würden wir sie als gute Freunde „verlieren“. Ihr Zuspruch hat uns schon in den verschiedensten Situationen geholfen.

Andererseits wollen wir eine Freundschaft „kündigen“, weil er uns in einer Notsituation nicht beigestanden ist. Sie nicht befolgte, was wir angeraten. Weil wir den Freund nicht mit jemandem „teilen“ wollten. Woduch wir selbst weniger gemeinsame Zeit mit ihm oder ihr verbringen konnten.

Für den anderen da zu sein, wenn er Rat und Hilfe braucht. Sollte dies nur auf bestimmte Personen zutreffen? Oder auf jeden Menschen, der uns begegnet?

Wir vergessen halt meist, wieviel Gutes wir uns selbst tun könnten. Steht jemand vor uns, dem wir nicht erlauben, unser „Freund“ oder unsere „Freundin“ zu sein. Trotzdem wir wissen, von uns ausgesandte, liebevolle Schwingungen würden xfach wieder zu uns zurückkehren.

Was könnte sonst noch wichtig und der Grund dafür sein, dass wir nur bestimmten Menschen unsere „Freundschaft“ anbieten? Genießen wir den Umstand, nur mit sogenannten „angesehenen“ Menschen befreundet zu sein? Die im Mittelpunkt der Gesellschaft, Politik oder Religion stehen. Wo wir daran anknüpfen können?

Vermeiden wir überhaupt den Kontakt zu Leuten, die sich nicht „gesellschaftsfähig“ verhalten, nicht unseren Vorstellungen gemäß gekleidet sind oder optisch nicht einem „allgemein gültigen Standard“ entsprechen? Mit denen wir nicht in Verbindung gebracht werden wollen, weil dann auch auf uns ein „falsches Licht“ fällt?

Gerne beurteilen wir andere Menschen, Vorurteile sind an der Tagesordnung. Dabei sind wir selten imstande, zu beurteilen, was für uns selbst gut und wichtig ist.

Wären wir doch nur selbst unser bester Freund! Nie würde es uns dann einfallen, Gründe oder Verhaltensweisen bei anderen zu suchen, die eine Freundschaft unmöglich machen. Dinge, die uns unsere Mitmenschen spiegeln. Muster, die uns aufgezeigt werden, die auch bei uns selbst in gleicher oder anderer Form vorhanden sind und über die wir uns ärgern. Wir wollen es nur ungern wahrhaben - aber wir ärgern uns eigentlich über uns selbst.

Es gefällt uns halt nicht, zeigen uns manche Mitmenschen, wer wir sind. Das erinnert uns zu sehr an uns selbst. Wir müssten uns damit womöglich beschäftigen und alte Verhaltensweisen korrigieren. Das Resultat wären persönliche Erfolge, die wir vergleichsweise bei unseren besten Freunden nur sehr selten finden werden.

Ich erwähnte die Medien, mit denen wir tagtäglich unseren Geist initiieren und die uns irritieren. Blättere die Zeitschriften und

Tageszeitungen durch. Schalte von einem Fernsehkanal zum Nächsten. Großteils wird dir das Leid der Menschen in verschiedensten Abhandlungen und Variationen präsentiert.

Wir infizieren uns damit, ohne es zu merken. In uns wächst schleichend und stetig die Angst, selbst mit solchen Dingen konfrontiert zu werden. Auch wenn dieser Umstand meist nicht bewusst ist. Aber wir wollen ja immer am neuesten Stand sein, immer wissen, was gerade so „läuft". Mitreden können, selbst zu diesem hohen Preis.

Das großteils finstere Gedankengut, das viele Leute mit sich herumschleppen, wird noch verstärkt durch Medienberichte, die ihre eigenen Geschichten des Lebens schreiben – Hauptsache, das Interesse wird geweckt und die Quoten stimmen.

Leicht wird so in den Fluss unserer Gedanken, die wir so leichtfertig umherschwimmen lassen, eingegriffen. Gedanklich übernehmen wir emotional dargestellte Situationen, in denen psychische und physische Ungereimtheiten die Hauptrolle spielen. Wahrscheinlich vergeht in den meisten Haushalten kaum ein Tag, wo wir uns nicht, vor einem Fernsehgerät sitzend, treiben lassen.

Treiben lassen, in Richtung einhelliger Meinung oder „neuerlicher Bestätigung", dass wir eben „nur" menschliche Wesen und deshalb krank und schwach sind. Nur mithilfe anderer und verschiedener

Konsumgüter könnten wir unser Leben meistern. Viele Zweige der Industrie nehmen dieses Verhalten dankend zur Kenntnis.

Du meinst, das sollte auch so sein, die Wirtschaft sollte doch angekurbelt werden? Die Antwort bleibe ich vorerst „schuldig“, komme aber später darauf zurück.

Herausgebern und Verantwortlichen von Film und Fernsehen werden verschiedenste Freiheiten zuerkannt. So entstanden Instrumentarien der Macht, die viele fürchten.

Gefällt uns, wenn diese gezielt zur Meinungsbildung eingesetzt werden? Nehmen wir das einfach so hin? Wollen wir es in Kauf nehmen oder freuen uns sogar, finden wir unser Bild auf Titelseiten oder im Fernsehen wieder? Ist das die Hilfe, die du gerne von den Medien annehmen möchtest?

Jene, an denen auch ich mich einige Zeit orientierte, waren hellsichtige Berater. Ist man außerstande, die Führung oder Zeichen der Engel zu hören oder sie zu verstehen, können diese Menschen als Bindeglied zur geistigen Welt betrachtet werden.

Dabei gebe ich zu bedenken, niemand kann mit Sicherheit die Zukunft voraussagen. „Sie“ kann sich jederzeit ändern. Sogenannte mediale Fähigkeiten beinhalten nur insoweit Informationen, als es gewollt ist, dass sie uns für den Moment mitgeteilt werden.

Mittlerweile stufe ich mich selbst als solches Medium ein, weshalb ich auch darüber schreiben kann. Menschen oder Situationen betreffend, tätige ich dabei oft Aussagen, von denen ich nicht weiß, warum ich eine bestimmte Formulierung oder die betreffenden Worte mitteile. Durch meine ausgeprägte Intuition ist es mir möglich, Situationen, Gefühle oder Bewusstseinszustände zu deuten. Ich weiß, ich kann mich dabei vollends auf mich verlassen.

Jedoch kann die Voraussage zukünftiger Ereignisse nur aufgrund einer momentan bestehenden Situation getroffen werden. Diese Situation kann natürlich kürzer oder länger präsent sein. Die Änderung und Schaffung einer zukünftigen neuen Lebensphase liegt ausschließlich im Inhalt der Gedanken des Betreffenden. Der freie Wille schafft die Basis jedes weiteren Lebensabschnittes, weshalb eine vollständige Vorhersage nie möglich ist.

Hellsichtige Menschen können eine ungefähre Linie deines Lebens vorzeichnen. Sei aber skeptisch, wenn dir jedes Detail eines Lebensabschnittes mitgeteilt wird. Auf keinen Fall stütze dich auf irgendwelche Zeitangaben, die vielleicht genannt werden. Sie werden nicht eintreffen. Auch solche Menschen sind vom Leben sehr unterschiedlich geprägt und interpretieren Dinge, die sie sehen, leider manchmal beliebig.

Nimm nicht jede Einzelheit, die dir mitgeteilt wird, für bare Münze. Du begibst dich sonst in Gefahr, dich an den sprichwörtlich letzten

Strohhalm zu klammern. Womöglich glaubst du, auf etwas, das du hörtest, bewusst hinarbeiten zu müssen. Dadurch würdest du den Lauf der Dinge letztlich wieder verändern oder verhindern, weil du in die göttliche Ordnung eingegriffen hast.

Meist werden solche Ratgeber aus lauter Ratlosigkeit und damit verbundener Ungeduld kontaktiert. Je nachdem, wie umsichtig und gewissenhaft das Medium agiert – bedenke, deine Ungeduld könnte durch die Kontaktaufnahme noch um ein Vielfaches gesteigert werden. Förderlich ist das natürlich wiederum nicht.

Wir haben jetzt alles Mögliche ausprobiert. Ist unser Ziel, sind unsere Wünsche auch nur ein kleines Stück näher gerückt? Sind wir weiter gekommen? Fühlen wir uns besser? Suchen wir vielleicht nach wie vor nach etwas, das wir eigentlich gar nicht definieren können? Wissen wir überhaupt, w o wir es suchen sollen?

Du brauchst nicht weiter zu suchen! **Alles beginnt und alles endet bei dir und durch dich selbst!**

Vervollständigen wir noch Eventualitäten, von denen wir hoffen, sie werden uns helfen. Ich erwähnte allgemein gültige Lebensweisheiten und bekannte Lebensabläufe. Manches wurde ja schon immer so gehandhabt. Das Eine oder Andere ist immer schon so gewesen. Warum sollte es nun anders sein?

Ja warum? Weil wir sonst Schatten der Vergangenheit nachjagen, die uns kontinuierlich immer weiter von unserem wahren Ich wegführen. Wir kreierten wieder eine Situation, mit der wir scheinbar zufrieden waren. Weil wir es uns nicht anders vorstellen konnten. Ein Déjà vu - Erlebnis aus einer früheren Zeit vielleicht, wo das gleiche Ergebnis zustande gekommen ist?

Fürchten wir Kollateralschäden oder Abnutzungserscheinungen? Der Mensch geht n i c h t wie ein Krug, solange zum Brunnen, bis er bricht. Im Gegenteil - will er die Lektionen annehmen, die ihm das Leben bietet, wird er in neuem Glanz erscheinen.

Erwarte dir das Beste in Form deiner Ziele und Wünsche und handle danach – auch wenn andere nicht damit einverstanden sind. Sonst wird dir das Glück ewig verborgen bleiben!

Hier geht es nicht um Provokation. Es geht auch nicht um Konfrontation. Ich weiß, viele Menschen wollen aus Angst eine Sichtweise vertreten, nach dem Motto „ich will mich nicht mit jedem anlegen“, oder, „ich will niemanden verletzen“.

Jedoch, du kannst niemanden „verletzen“! Menschen können sich nur selbst weh tun. Sie können sich in Selbstmitleid baden, so oft sie wollen. Sie werden sich dabei immer nur im Kreise drehen und keinen Ausweg finden.

Handle und agiere verbal so, wie du es im Tiefsten deines Herzens für richtig hältst. Ruhige und besonnene Verhaltensweisen haben hiebei die bessere Wirkung. Ob mir jemand zuhört, hängt nur davon ab, ob mir jemand zuhören will und nicht, ob ich etwas lautstark zu vermitteln versuche.

Johannes Gutenberg gilt als Erfinder der Druckerpresse. Ab 1450 war es somit möglich, das Buch als Massenmedium maschinell zu produzieren. Seitdem gibt es auch eine Menge Bücher über „positives Denken“ oder ähnliches. Viele davon schildern einen Idealzustand, der scheinbar einfach zu erreichen ist. Bücher, die sinngemäß den „Schlüssel zum Erfolg“ garantieren.

„Let me be your key and you will be free“ (Lass mich dein Schlüssel sein und du wirst frei und glücklich sein) hört sich ermutigend an und reimt sich sogar, kann aber nie funktionieren.

Auch meine Bücher sind keine Ausnahmen. Du als Leser dieses Buches kannst die hier geschriebenen Zeilen dafür verwenden, **dich selbst** als Schlüssel für deinen persönlichen Erfolg zu erkennen. Du musst aber deinen eigenen Weg gehen, um an dein Ziel zu gelangen. Manches kann man nicht lehren oder lernen, man muss es erleben. Wir alle sind reinen Herzens! Es sollte uns nur bewusst werden.

Der Grund dafür, dass wir so verbissen nach Lösungen suchen, ist wieder einmal die altbekannte Angst. Werden wir darauf angesprochen, wollen wir dem natürlich nicht zustimmen. „Du immer mit deiner Angst“, lautet oft der geringschätzige Kommentar.

Dabei ist es völlig normal, zeitweilig im Zustand der Angst zu leben. Warum sollten wir uns dafür schämen? Kein Mensch ist davor gefeit. Und - warum fällt es uns so schwer, unsere Ängste auszuräumen, oder mit unseren Ängsten umzugehen? Mit ihnen zu leben?

Weil es uns halt meist unmöglich erscheint, soweit in unser Innerstes vorzudringen, um die Ursachen unserer Ängste kennenzulernen. Viel zu sehr sind wir damit beschäftigt, ständig entsprechen zu wollen.

Solange, bis wir von dieser Welt wieder gehen müssen. Selbst dann glauben wir noch, diesbezüglichen Vorgaben gerecht werden zu müssen. Den Vorgaben der Kirche zum Beispiel, indem wir Vorkehrungen für ein „schönes“ Begräbnis treffen.

Wo wir von Vertretern der Kirche, aus Rücksicht an die Hinterbliebenen mit schmückenden Worten, aber doch als Sünder, von dieser Welt verabschiedet werden. Muss es so sein, dass unser lebloser Körper kostenpflichtig nach den Regeln der Kirche eingegraben wird?

Beendet der Tod ein Menschenleben, empfinden wir Trauer und wir wollen ihn/sie „zumindest würdevoll begraben. Schließlich ist es ja der letzte Weg, auf dem wir den Verstorbenen begleiten, das Letzte, was wir für ihn tun können". Ich erinnere mich an das Begräbnis eines pensionierten Polizisten. In diesem Zusammenhang wurde von Vorgesetzten die Gewährung sogenannter Plusstunden angekündigt. Dies deshalb, weil eine zahlreiche Teilnahme von Polizisten in Uniform an diesem Begräbnis gewollt war.

Müssen wir oder unsere Mitmenschen gehen, dann ist es so gewollt und immer das Beste. Aus Gründen, die meist nur die geistige Welt versteht. Weder Ärzte, noch irgendwelche Umstände oder unterlassene (Hilfs-) Maßnahmen, die wir manchmal für den Tod eines Menschen verantwortlich machen, hätten daran etwas ändern können. Das wollen wir uns aber nicht immer eingestehen.

Ganz besonders in solchen Situationen fällt es uns schwer, zu akzeptieren. Wir wollen nicht glauben, den geliebten Menschen nicht mehr umarmen zu können. Wir wollen nicht begreifen, dass der Weg für diesen Menschen plötzlich endet. Ist die (Lern-)Aufgabe des Betreffenden erfüllt, verabschiedet sich unsere Seele von der sterblichen Hülle.

Und so ist es keineswegs von Bedeutung, dass diverse Organisationen ihrer Aufgabe, Menschenrechte zu schützen oder in Not geratenen Menschen zu helfen, höchste Priorität einräumen.

Ob Institutionen, wie Rettung, Feuerwehr, Bundesheer, Polizei, in rasendem Tempo, mit Blaulicht und schrillem Folgetonhorn, unterwegs sind. Oder ob sich die Einsatzkräfte gemächlich zum Ort des Vorfalles begeben – es ist nicht wichtig.

Das beliebig gebrauchte Argument, Sekunden hätten über Sein oder Nichtsein entschieden, ändert nichts am Lauf der Dinge. Jeder Mensch gestaltet, verlängert, verkürzt oder beendet sein eigenes Leben letztendlich selbst.

Wozu es dann Menschen „geben muß“, die beruflich oder freiwillig für die sogenannte öffentliche Ordnung, Ruhe und Sicherheit sorgen?

Weil auf der einen Seite die meisten Menschen Regeln und Vorgaben gerne annehmen und sich danach richten wollen. Trotz manchmal heftiger Kritik darüber. Weil ihrer Ansicht nach sonst Unruhen und Chaos vorherrschen würde. Aber mangels des Bewusstseins, an sich selbst Halt zu finden und unabhängig zu sein.

Weil auf der anderen Seite, wie so oft, die Angst eine entscheidende Rolle spielt. Die Angst, die magisch anzieht, wovor Mann und Frau sich fürchtet.

Die Menschheit hat sich ein weltweites System geschaffen, das auf Angst aufgebaut ist. Die Einen kommen in Situationen, die sie richtiggehend herbeigesehnt haben. Sie kämpfen mit sich selbst, mit ihrem Gegenüber, mit ihrer Gesundheit – und möchten dabei gerne Hilfe annehmen.

Diese Hilfe kommt jetzt von den Anderen, die gerne helfen. Die ihrerseits eine Bestätigung suchen. Die durch diese ihre Tätigkeit und ihr Engagement richtiggehend aufleben, weil sie dadurch sehen, ihre Hilfeleistung wird gebraucht. Sie wird gewürdigt.

U n d - weil so ständig nach Lob und Anerkennung förmlich gelechzt wird. Indem ich Verantwortung für andere Menschen übernehme. Wofür ich womöglich auch noch ausgezeichnet oder belobigt werde. Diese „Verdienste für die Menschheit“ in schicker Uniform zur Schau tragen. Das hat doch was, oder?

Womöglich wollen auch hier wieder die Medien daran teilhaben. Ist es notwendig, auf die eigene Person aufmerksam zu machen, um zu „wachsen?“ Sind solche, aus der Natur des Menschen entstandene, weltweit ähnlich gelagerte Organisationen geeignet, völlig uneigennützig anderen Menschen zu helfen?

Wie uneigennützig handelt die katholische Kirche, wenn deren Vertreter den Angehörigen in Form eines Begräbnisses Trost aussprechen und den Verstorbenen „zur ewigen Ruhe begleiten?“ Die weitere Entwicklung der Seele kann wohl niemand beeinflussen. In welcher Form glauben wir also, dem leblosen Körper im Sarg noch Gutes tun zu können?

Indem wir uns der Gesellschaft verpflichtet fühlen, am Begräbnis teilzunehmen? Wird durch unsere Anteilnahme das Leid der

Angehörigen kleiner? Geht es uns selbst gut dabei? Wollen wir durch unser Beten am Grab des Toten vielleicht Vorsorge dafür treffen, nicht selbst einmal in der „Hölle“ zu schmoren?

Ich wohne seit langem keinem Begräbnis mehr bei, sondern verabschiede mich in Gedanken. Jedes Mal sende ich dem jeweiligen Verstorbenen Licht und Liebe und spüre für den Moment ganz deutlich dessen Gegenwart. Es umgibt mich ein angenehmes Gefühl und ich höre liebevolle Worte des Betreffenden.

In dieser Form konnte ich auch den Schmerz um meinen damals 22jährigen Sohn Christopher besser verarbeiten, als dieser, völlig unerwartet, freiwillig von dieser Welt Abschied nahm. Seine letzte schriftliche Aufzeichnung beeinhaltete unter anderem die Worte: „ich muss wohl sterben, um zu leben“. .

Mein Sohn hatte verlernt, auf seine Gefühle zu vertrauen. Trotz seines brillianten Verstandes konnte er sich nicht mehr aus der gedanklichen Abwärtsspirale seines Daseins befreien.

Christopher ließ mich nach seinem Tod noch des öfteren wissen, dass es ihm gutgeht. Einmal zeigte er sich mir im Traum, wo er mit einem zufriedenen Gesichtausdruck neben mir saß. Nie zuvor in seinem Leben hatte ich ihn dermaßen freudestrahlend und glücklich erlebt.

Ein anderes Mal kam er zu mir an mein Bett. „Mein Bub“ war völlig in gleißendes, weißes Licht eingehüllt. Andere Farben durchfluteten dieses Licht. Rund um meinen Sohn funkelte und glitzerte es, wie ich es nie gesehen hatte.

Während der Anwesenheit von Christopher konnte ich mich absolut nicht bewegen. Es war mir auch unmöglich, zu sprechen. Vergeblich versuchte ich, seinen Namen auszusprechen. Christopher sah mich die ganze Zeit an und lächelte. So zeigte er mir – er konnte endlich „leben“. Zwar auf einer anderen Ebene, aber es war alles gut.

Die Welt, in der wir leben

Was bringt es uns, zu wissen, dass die Ozeane zwei Drittel der Erdoberfläche einnehmen? Dass die Gezeiten durch Sonne und Mond verursacht werden und dieser Umstand eine Hebung und Senkung des Meeresspiegels mit sich bringt? Haben wir dadurch einen Vorteil oder können wir uns dieses Wissen wirklich zunutze machen?

Im Gegenteil, wir müssen uns danach richten und uns anpassen. Wir können es nicht ändern, es ist einfach so. Durch keine, noch so intensive, Bemühungen oder wissenschaftlichen Forschungen, wird es gelingen, Licht in die Tiefen des Meeres zu bringen. Nie werden wir uns Klarheit über die Weiten des Weltalls verschaffen können. Allem Wissen um diese gewaltigen elementaren Bereiche zum Trotz, bleibt dies eine unumstößliche, beeindruckende Tatsache.

Wir wollen eine bessere Welt? Fürchten das Ausbleiben von Fossilien, die wir uns bis jetzt selbstverständlich zunutze machten? Unser Energiehaushalt droht zusammenzubrechen?

Einerseits sind wir ständig auf der Suche nach Alternativen, neue Lebensräume betreffend. Andererseits werden solche durch, von Menschen verursachte, Katastrophen einfach ausgelöscht.

Warum werden Gegensätze, die Umwelt, aber auch die Gesellschaft, die Politik oder die Religionen betreffend, immer extremer, ihre Auswirkungen immer bedrohlicher? „Alles, was uns bleibt, ist hilflos zuzusehen", meinst du?

Wir können die Welt nicht verbessern, es ist uns nicht möglich, sie zu verändern. Aber wir können uns selbst verändern und uns in Richtung unserer eigenen Liebe entwickeln. Daraus resultierende, gleichartige Schwingungen, würden zu einem harmonischen Gesamtgefüge, zu einem stabilen Weltgeschehen, führen.

Wer ist arm, wer reich? Wer hat recht, wer unrecht? Wer ist gesund, wer krank? Wer scheint brav und redlich, wer schlimm und böse? Wem geht es gut, wem schlecht? Wer ist gläubig, wer ungläubig?

Eine Flut an Gesetzen jagt die Nächste. Ständig glaubt jemand zu wissen, was Recht oder Unrecht ist. Gesellschaftliche Normen und religiöse Richtlinien verlangen immer mehr nach Ausdruck. Wir sind der Meinung, in der Form obige Unterscheidungen treffen zu können?

Ist die Wahrheit nur mehr zu einem schlimmen, ungewollten Bestandteil unseres Lebens geworden?

Persönliche Integritäten lösen sich in Luft auf. Ein Ungleichgewicht von „Pro" und „Kontra" schafft ein System, in dem primär Neid und

Missgunst regiert. Ein ständiges Gegeneinander, in dem Harmonie zwischen Mann und Frau nur mehr Illusion ist. Wo ausschließlich Macht und Kontrolle eine dominierende Rolle spielt.

Nicht nur das sich ändernde Klima, sondern vor allem die, der Menschheit eigenen, Gedankenwelt, trägt zielstrebig zum Unglück in der Welt und zu unaufhaltsamen Naturkatastrophen bei. Schon kleine Korrekturen unserer Sichtweisen würden diesem geschilderten Szenario entgegenwirken.

Dazu jetzt auf der nächsten Seite ein Gedicht, das gut hierher passt. Obwohl der Inhalt ganz und gar nicht amüsant ist, wurde es amüsant formuliert. Die Reime entstammen nicht meiner Feder. Der Titel lautet „die Erde spricht“:

Ihr habt mir grossen Schmerz bereitet,
habt mich verletzt und ausgebeutet.
Seit ewig hab ich euch gegeben,
was alles ihr gebraucht zum Leben.
Ich gab euch Wasser, Nahrung, Licht,
lange hieltet ihr das Gleichgewicht.

Doch in den letzten hundert Jahren,
ist Satan wohl in euch gefahren.
Was in mir schlummert, wird geraubt,
weil ihr es zu besitzen glaubt.
Ihr bohrt nach Öl an tausend Stellen,
verschmutzt die Meere, Flüsse, Quellen.

Umkreist mich sinnlos Tag und Nacht,
seid stolz, wie weit ihr es gebracht.
Furchtbar habt ihr mich im Krieg versehrt,
kostbaren Lebensraum zerstört.
Habt Pflanzen, Tiere ausgerottet,
wer mahnt, der wird von euch verspottet.

Kennt Habgier, Geiz und Hochmut nur,
respektiert nicht die Natur.
Darum werde ich jetzt Zeichen setzen,
und euch, so wie ihr mich, verletzen.
Ich werde keine Ruhe geben,
an allen meinen Teilen beben.

Schick euch Tsunamiwellen hin,
die eure Strände überziehn.
Vulkane werden Asche spein,
verdunkelt wird die Sonne sein.
Ich bringe Wirbelsturm und Regen,
bald werden Berge sich bewegen.

Was himmelhoch ihr habt errichtet,
mit einem Schlag wird es vernichtet.
Blitze, wie ihr sie nicht kennt,
lass kommen ich vom Firmament.
Ich kann es noch viel ärger treiben,
drum lasst den Wahnsinn endlich bleiben!

Hört, Menschen, was die Erde spricht -
denn ihr braucht sie, sie braucht euch nicht!

Soll heißen – misch` dich nicht in Sachen anderer Menschen und schon gar nicht in Angelegenheiten von Mutter Natur!

Wissenschaftler experimentieren mit genetischen Veränderungen, um Krankheiten zu bekämpfen. Riesensummen an finanziellen Mitteln werden investiert, um das Klima und andere Welten wirtschaftlich zu nutzen, zu beeinflussen, zu beherrschen. Doch sowohl die Natur, als auch die Menschen – man kann sie nicht auf Dauer manipulieren, sodass es den gewünschten Effekt bringt, im Gegenteil.

Du allein schreibst die Geschichte deines Lebens und du allein bestimmst, wie es endet. Das einzige Hindernis dabei, dein einziger Gegner, bist nur du selbst!

Versuche „ruhig" weiterhin, jede Gelegenheit wahrzunehmen, andere Menschen für dein Unwohlsein verantwortlich zu machen. Setze dich nur weiterhin dem Stress aus, den du dir selbst verursachst, indem du in der Öffentlichkeit unbedingt den Schein wahren willst.

Sei aber nicht verwundert, wenn es weiter innerlich in dir stetig vor sich hinbrodelt. Wenn deine Gedanken anfangen, sich im Kreis zu drehen. „Sie" dich müde machen und du glaubst, jeden Moment in einen tiefen Abgrund zu stürzen. Ausgelastet und überlastet durch gedankliche Prozesse „im Hintergrund".

Vor lauter eitlem Wissen, gewohntem Pflichtbewusstsein, kindlichem Ehrgeiz und Disziplin, mutierst du zu einem Aggressionsjunkie, der nur mehr ein Phantomdasein führt. Du erstickst geradezu in einem Dickicht, voll von Kummer und Leid.

Stattdessen – hab keine Angst vor Veränderung. Finde wieder zu dir „nach Hause". Gib dich keinen Illusionen hin. Kralle dich nicht an ein Wunschdenken, nach dem Motto „die Hoffnung stirbt zuletzt".

Jede Herausforderung macht dich stärker. Du „lernst“ nicht von Dingen, die du hast. Du „lernst“ von Dingen, die du nicht hast! Um die Weisheit in dir kennenzulernen, „leere deine volle Schale“. Versuche nur die Liebe in dir und in jedem Menschen zu sehen. „Ihr“ Licht leuchtet alle scheinbare Dunkelheit hinweg. Wie der Phönix aus der Asche wirst du dich wie neugeboren fühlen.

Anstatt dich in Zwängen anderer wiederzufinden, habe den Mut, deinen freien Willen zu leben. Bist du zufriedener, gestaltet sich dein Leben harmonischer. Der Funke der Harmonie entzündet sich auch bei deinem Gegenüber. Eine angenehme Wärme breitet sich aus. Ein friedvolleres Miteinander ist garantiert.

Ach – ich habe vergessen. Die Akzeptanz unserer Mitmenschen ist uns ja das Wichtigste. Dementsprechend fügen wir unserer Sprache Fremd- und Modewörter hinzu und verwenden spezielle Ausdrücke.

Wir „chillen“ (erholen, entspannen), wir „grooven“ (euphorisch, mitreißend), alles ist scheinbar so „easy“ (einfach). Andererseits werden einfachste Wörter und Formulierungen nicht verstanden.

„Traditionen müssen aufrechterhalten, sie müssen gepflegt werden“. Und weil es immer schon so war, bewegen wir uns halt fortwährend in bestimmten, gleichen Mustern. Wie ein Hamster in seinem Laufrad, einzig und allein damit beschäftigt, nicht zu fallen.

Insgeheim sehnt sich jedoch jeder Mensch nach einer liebevollen und zärtlichen Fürsorge. Ehrlichkeit zu sich selbst vorausgesetzt. S.O.S - Notrufzeichen nach Liebe, Geborgenheit und Frieden - täglich würden viele solcher gesendet werden. Wäre da nicht die Angst. Angst, die unseren Willen schwächt. Wodurch uns der Mut fehlt, unsere Gefühle zu leben und sie nicht als Bedrohung anzusehen.

„Wegen der Liebe zu einem Menschen das Gleichgewicht zu verlieren, i s t Teil des Gleichgewichtes".

Die untrennbare Verbundenheit von Gegensätzen - die Polarität. Eine Zusammengehörigkeit scheinbar widersprüchlicher, sich aber ergänzender Eigenschaften - um wieder eine Einheit zu bilden. Erst diese gegensätzlichen Pole eröffnen eine unendliche Vielfalt – kein Licht ohne Schatten.

Hat jeder Mensch das „Gute" und das „Böse" in sich? Oder lebt jeder seine eigene gedankliche Welt und handelt dementsprechend? Erklärt uns „die heilige Schrift" die tatsächliche Entstehung von Leben im Universum? Oder sind kirchliche Beurteilungen aus gutem Grund seit jeher nur sehr überzeugend formuliert?

Die Arbeitslosigkeit ist ein beliebtes Argument bei Debatten um wirtschaftliche Themen. „Jeder Mensch hat das Recht auf Arbeit!?". In dem Zusammenhang kolportierte Aussagen wollen doch als richtungsweisend gelten. Ein wirtschaftlicher „Background"

(Hintergrund), nämlich die Ankurbelung der Wirtschaft, soll so in den Vordergrund gerückt werden.

Doch, wer ist die Wirtschaft? Wie kann der Slogan „gehts der Wirtschaft gut, geht`s uns allen gut“ interpretiert werden? Stimmt das? Wird diese Werbung nur eingesetzt, um eine gewollte Meinungsbildung voranzutreiben? Steckt hier nur die staatliche Industrie dahinter? Oder sind hier natürlich auch nichtverstaatlichte Betriebe gemeint?

Wir werden instruiert, zu arbeiten, um neue Gebrauchsgüter kaufen zu können. In Form von Werbung wird diktiert, welche Art von Dinge wir uns „leisten“ sollen. Es „fesselt“ uns, was alles entwickelt und geschaffen wird, um uns das Leben zu erleichtern. Wir wissen es zu schätzen, Konsumgüter zu erwerben oder Dienstleistungen in Anspruch zu nehmen, die unsere Freizeit angenehmer gestalten.

Wie real sind diese unsere Wertvorstellungen? Wie seriös der Preis, den wir für diese Annehmlichkeiten bezahlen wollen?

Bedenke - wir selbst sind es, die im Auftrag der Wirtschaft die vorhin angeführten, von uns so geliebten Dinge, produzieren und zur Verfügung stellen. Zu dem Zweck muss ich mir fremdes Wissen aneignen. Fremdes Wissen behindert mich immer. Es belastet mich, weil es nicht mein Wissen ist. Davon später mehr.

Mir dessen nicht bewusst, arbeite ich quasi „das ganze Leben lang“. Unter mehr oder weniger guten Arbeitsbedingungen. Unter der Last von Vorgaben und Bedingungen, gewollt von der Wirtschaft.

Obwohl wir das so eigentlich gar nicht wollen, fürchten wir aber, ohne bezahlte Arbeit zu sein. Wir schämen uns, als arbeitslos bezeichnet zu werden. Dadurch vielleicht nicht mehr in der Gesellschaft integriert zu sein.

Natürlich habe auch ich meine Vorlieben, materielle Dinge betreffend. Zuerst jedoch versuche ich mich auf mich selbst, auf meinen Bewusstseinszustand, meinen inneren Frieden, zu konzentrieren. Nichts und niemand kann einen solchen friedvollen, eigenen Zustand noch toppen.

Karl Marx teilte die Menschen in seinem Hauptwerk „das Kapital“ in drei Gruppen ein. Die Kapitalisten (große Arbeitgeber, wie staatsnahe Betriebe oder der Staat selbst), die Proletarier (Arbeiter und Angestellte) und das Kleinbürgertum (Selbständige, Bettler, Tagelöhner).

Ich schenke diesem Mann hier Aufmerksamkeit, weil er es verstand, Dinge auf den Punkt zu bringen.

In dieser Zeit, vor etwa 150 Jahren, schrieb Karl Marx von einem „Klassenkampf“. Die Kapitalisten bezeichnete er als die herrschende

Klasse. Deren Ideen de facto die vorherrschenden Ideen seiner Zeit waren. Er prangerte die Ausbeutung von Arbeitern und Angestellten an. Außerdem verwies er auf die private Aneignung von, durch das Proletariat geschaffenen, Mehrwert, durch die Kapitalisten.

Können wir daraus eine Konsequenz ziehen? Ist dieser Zustand auf unsere Zeit umzulegen? Was sagst du zur Karikatur auf der nächsten Seite, gespickt mit meinen Kommentaren? Scheint sie dir passend?

Kapitalismus
Wir regieren euch
Wir blenden euch
Wir sanktionieren
Wir feiern
Wir arbeiten für euch alle

Auf jeden Fall lernen wir daraus – die Wirtschaft braucht n i c h t angekurbelt zu werden, um zu bestehen. „Sie“ läuft ganz von alleine. So lange, bis Neid und Konkurrenzverhalten, angeführt von Korruption, wieder zu einem Neuanfang führt. Während sich das Rad der Zeit dreht, sind es erlebte Ereignisse, ohne die ein Umdenken in der Menschheit nicht möglich ist.

Sollte man glauben. Denn während die Medien von ständig neuen Erkenntnissen in der Medizin berichten, ist von einer Entlastung unseres Gesundheitssystemes, außer in Form erstellter Statistiken, nichts zu bemerken.

Möchten wir nicht unsere Kreativität wieder entdecken, eigene Wünsche miteinbeziehen, Leidenschaften leben, eigene Ziele verwirklichen? Wo ohnehin laufend psychischer Druck auf uns abgewälzt wird.

Wir selbst tragen das Unsere bei. Wir selbst schaffen uns noch zusätzlich Stress. Diesen Umstand wollen wir meist nicht wahrhaben. Weil wir es schon immer so praktizierten, ohne nachzudenken. Karl Marx sprach von Sklaverei und Zwangsarbeit, wodurch keine **freie, geistige Energie** mehr entwickelt werden kann. Ich werde hier später noch anknüpfen.

Derart ausgereizt hoffst du ständig auf ein besseres Leben? Jede Art von Stress ist Gift für deinen Körper. Stress macht Angst. Angst, den

Stress nicht zu bewältigen, überfordert zu sein. „Er“ bringt uns die Müdigkeit, „finstere Gedanken“ und letztendlich die Krankheiten. Auch der sogenannte „positive Stress“. Durch den wir angeblich so angespornt werden. Wodurch wir anscheinend erst die notwendige Energie an den Tag legen.

Stress bleibt Stress, egal in welcher Form. Du willst es vielleicht nicht wahrhaben. Du glaubst, du kannst es dir nicht „leisten“, keinen Stress zu haben? Dann akzeptierst du wahrscheinlich auch etwaige gesundheitliche Ungereimtheiten und kaschierst sie auch noch. Schließlich möchtest du ja deinen, unter größten Mühen erwirtschafteten, Wohlstand genießen. Fragt sich nur, wie lange.

Statt täglich ein XXL-Paket mit, ach so wichtigen, Dingen zu schnüren, empfehle ich: begib dich an einen dir vertrauten, von dir geliebten Ort, übe dich im „dolce far niente“, dem süssen Nichtstun.

Wahrscheinlich bist du es gewohnt, gut gemeinte Empfehlungen oder ärztliche Vorgaben zur Stressbewältigung umzusetzen, darauf hinzuarbeiten oder ihnen halbwegs gerecht zu werden. So durchlebst du, wie du deine restliche Energie nach anderen ausrichtest.

Letztendlich wirst du mit dem Ergebnis wieder unzufrieden sein. Deine Antriebslosigkeit, dein Stresspegel, werden sogar höher sein, als vorher. Durch dein gewolltes Erfüllen fremder Vorgaben hast du dir selbst neuerlich Stress erzeugt, anstatt diese Last abzubauen.

Solch ein Prozess ist aber meist notwendig. Dieses ständig gleiche Schema wiederholt sich solange, bist du erkennst - NIEMANDES Ratschlag, egal welches Menschen, hat für dich Gültigkeit.

Gönne dir die Ruhe und gib dir die Zeit, Situationen zu erleben, dich mit Dingen zu belohnen, die dein Herz mit Freude erfüllen. Ignoriere Aussagen anderer Leute hinsichtlich der Beurteilung deines Bewusstseinszustandes.

Scheinen diese auch noch so gutgemeint, intelligent oder hilfreich. Korrigiere an deinen Prioritäten, was DU gefühlsmäßig ändern möchtest. Lass deinen Verstand dabei völlig außer acht. Er ist nicht wichtig. Gefühle sind immer stärker. Du wirst es schon erlebt haben, wenn du durch ein Gefühl der Angst, der Freude, der Liebe, der Erregung, unfähig warst, zu denken.

Wir scheitern immer an unserem Verstand! Der berühmte „erste Gedanke", der der Richtige gewesen wäre. Du kennst ihn sicher. Das erste Gefühl, das einfach da war, ohne nachzudenken. Dem wir schon des öfteren nachtrauerten, weil wir ihm nicht folgten. Weil wir uns selbst nicht zutrauten, die richtige Entscheidung zu treffen. Die Launen der Wahrnehmung des menschlichen Verstandes haben uns diesen einzig richtigen, intuitiven Gedanken, wieder verwerfen lassen.

Aber wir wären nicht Menschen, begründeten wir nicht locker jede unserer Handlungen und argumentierten in Situationen beliebig. Würden nicht Antworten gebrauchen, wie „man muss zufrieden sein!?“ Wodurch wir uns selbst die Erlaubnis geben, den Schein zu wahren. Uns damit abfinden, nicht zufrieden zu sein.

Und so ist es einerseits NICHT, wie es sein soll. Wir bedienen uns einer Matrix („eine eigene Welt“), mit der wir eine virtuelle Realität schaffen. In der wir eine Welt ohne Grenzen verleugnen, zugunsten einer von uns geschaffenen Scheinwelt. Nur diese wollen wir als Wirklichkeit anerkennen. Wo wir nicht nach Fülle in jeder Hinsicht greifen, sondern uns an gewohnten Zweifeln, Zwängen und Ängsten orientieren.

Andererseits ist es GENAU, wie es sein soll. Wo wir aus oben Durchlebtem heraus eher dazu bereit sind, uns neu zu orientieren. Aber - gelingt es uns so wirklich besser, einen neuen Anfang zu wagen? Wollen wir überhaupt aus unserer Traumwelt geweckt werden?

Umdenken statt Unverständnis

Früher bekämpften sich die Menschen mit Steinen. Jetzt duellieren sie sich in Form kaum noch überbietbarer, kontroversieller, verbaler Darstellungen und irrwitziger Verschleierungstaktiken.

Geprägt und „gepuscht" in Richtung ständig gleicher, tunnelartiger Denkweisen. Eingeengt in der eigenen gewohnten Gedankenwelt. Völlig unausgewogen, ohne jegliche Balance. **Die Welt ist aus den Fugen, weil die Gedanken der Menschen aus den Fugen sind!**

Scheinbar ist es so gewollt. Ich trete in meinen Büchern als Protagonist völlig neuer Sichtweisen auf. Durch mich wird auf die eigene Liebe hingewiesen, die größte Macht im Universum.

Wodurch „in Stein gemeisselte" Worte in (alten) Büchern überdacht, über Jahrhunderte gepflogene, Gewohnheiten und Vorurteile korrigiert werden können. Folglich ich die Menschen inspiriere, trotz teilweisem Unverständnis, umzudenken.

Brauchst du hiefür irgendwelche Ratschläge? Musst du dir gewisse Dinge merken? Sollst du an ganz bestimmte Sachen denken, um umdenken zu können? Sind Schwerpunkte zu setzen auf gewisse Themenbereiche? Ist es überhaupt nur möglich, umzudenken, bietest du deine ganze persönliche Kraft auf? Schaffst du es nur, wenn du passende Literatur miteinbeziehst? Wenn du nur „postitiv“ denkst und diesen Umdenkprozess anspruchsvoll gestaltest?

Nein, nein und nochmals nein! Lasse deine persönliche Entwicklung, dein Umdenken, einfach nur geschehen! Lasse es sich entwickeln!

Niemals kann ein Umdenkprozess durch den Verstand eingeleitet oder vorangetrieben werden! Es ist unmöglich, dass du durch deinen Verstand deinen Geist beeinflusst. Sobald du verstandesgemäß entscheidest, etwas an dir zu ändern, bist du schon gescheitert.

Willentliche Entscheidungen hältst du vielleicht ein paar Tage oder Wochen, möglicherweise auch geringfügig länger, aufrecht und richtest dich danach. Spätestens dann verwirfst du dein Vorhaben aber wieder.

In der Form dringen wir nicht zu unseren Ängsten durch. Ängste, die uns nur selten bewusst sind. Bei denen wir außerstande sind, sie auch nur auszusprechen oder zu beschreiben. Ängste, von denen wir gar nicht wissen, dass sie präsent sind.

Egal, wie schön du Umstände, Situationen, Gefühle empfindest. Egal, in welchem Ausmaß du dein Gegenüber mit deinem Verstand an deiner Liebe teilhaben lassen willst.

Für dich kann etwas nur so schön und lieblich sein, wie du es auch gefühlsmäßig zulässt. Je nachdem, wie ehrlich du zu dir selbst bist. Je nachdem, welches Verhalten du „an den Tag legen“ willst. Angst spielt dabei immer eine dominierende Rolle.

Eine maßgebliche Rolle, woraus wir uns selbst großen Widerstand schaffen. Wodurch wir Zorn, Stolz, Verbitterung, aussenden und uns solches wieder (zurück-) entgegengebracht wird. Was uns letztendlich behindert, umzudenken.

Meinen Verstand kann ich also nicht gebrauchen. Wie lasse ich nun dieses Umdenken geschehen? Wie kann ich meine persönliche Entwicklung vorantreiben?

Indem ich mich bewusst NICHT darauf konzentriere, sondern eigene Verhaltensweisen korrigiere. Nämlich jene, die mir selbst nicht gefallen. Und ich betone, dieses autodidaktische Vorgehen in Form der **Korrektur persönlicher Verhaltensweisen ist die einzige Möglichkeit in Richtung einer beständigen, dauerhaften Bewusstseinsbildung.**

Nur dieses Tun garantiert ein persönliches Wachstum, ein Umdenken in Richtung eigener Liebe. Völlig unbemerkt und ungehindert. Dieser einzige Weg zum Erkennen unserer eigenen Liebe ist es wert, ständig an ihn zu erinnern. Bereits im übernächsten Kapitel werde ich deshalb noch einmal darauf eingehen.

So einfach und effektiv dieser Vorgang ist, so schwer umsetzbar ist es für die Meisten. Weil das hier Geschriebene so unglaublich ist. Weil es einfach ungewohnt und ungewöhnlich ist. Ich schlage vor, es auszuprobieren. Nur dann kannst du auch „mitreden“ und erkennen, wie einfach es letztendlich war.

Nicht die eigene Liebe betreffende Gedanken verschwinden zusehends - diese „schlimmen, dunklen“ Gedanken, die dir deine Energie rauben. Sich immer und immer wiederholend.

Wo du auf einem schmalen Grat unterwegs bist. Nicht wissend, ob dich deine Gedanken irgendwann in die Tiefe reißen. In einen dunklen Abgrund, der noch Schlimmeres in sich birgt. Solche Gedanken quälen dich dann nicht mehr. Sie sind einfach verschwunden – und bleiben das auch!

Jetzt erst fängst du an, zu leben. Ohne diese ständige, schwere Last der Gedanken. Du handelst nur mehr intuitiv. Jede Situation nimmst du einfach, so wie sie ist. Gefühlsmäßig triffst du stets die für dich richtige Entscheidung. Immensen gedanklichen Stress kennst du nicht mehr. Er (der Stress) belastet jetzt nicht mehr deinen Körper. Schmerzen haben sich in Luft aufgelöst.

Du hast neue Sichtweisen geschaffen! Daraus resultierende gedankliche Lösungen lassen dich deine eigene Liebe leichter erkennen. Deine neue Einstellung prägt mit der Zeit deinen Geist.

Ich kann nicht kontrollieren, wie oder wie schnell diese Entwicklung voranschreitet. Ich kann auch nicht bestimmen, welche Situationen es sein werden, aus denen ich lerne. Alles geschieht zu seiner Zeit und alles ist gut, wie es ist.

Bis dahin nimm es, wie es kommt. Würdige deine unterschiedlichen Befindlichkeiten, deine Stimmungsschwankungen. Versuche auf keinen Fall, darüber hinwegzusehen. Lege deine „rosa Brille“ in die Lade. Lasse es sein, ständig den Schein wahren zu wollen – du verursachst dir nur selbst unnötigerweise Stress.

Alles, was du kontrollieren möchtest, wird irgendwann „außer Kontrolle“ geraten. Jeder Mensch, den du kontrollierst, wird dir nach einem ungewissen Zeitraum, zumindest gedanklich, den Rücken kehren. Früher oder später wird dir die Kontrolle entgleiten – die Angst hat gesiegt. Weil du magisch anziehst, wovor du Angst hast. Weil Angst der einzige Grund für Kontrolle und Machtausübung ist.

Versuche stattdessen, dich selbst zu kontrollieren. Korrigiere deine Gedanken regelmäßig in Richtung eigener Liebe. Je mehr Platz diese Selbstliebe einnimmt, desto weniger Raum bleibt deinen Ängsten.

Die meisten Österreicher wissen mit dem Wort „Gmiat“ etwas anzufangen. Übersetzen wir den Dialekt, sind wir beim Gemüt. Du stimmst vielleicht mit mir überein. Eine sinngemäße Definition für das Gemüt ist die Gesamtheit unseres psychischen oder seelischen Empfindens.

Du hast von sogenannten Befindlichkeitsstörungen gehört oder darüber gelesen? Bist vielleicht gar selbst davon betroffen?

(Noch) nicht krank, doch ständig ein ungutes Gefühl in der „Magengegend?“. Hier ein kleiner Schmerz, dort ein unangenehmes „Ziehen“? Deine Stimmung ist meist getrübt? Du bist gereizt? Die Diagnose deines letzten Arztbesuches ergab jedoch keinerlei Hinweise auf eine Krankheit?

So ein Zustand ständigen Unwohlseins „ruft“ Gedanken in dir hervor. Zusätzlich zu den Gedanken, die deine obige Befindlichkeit verursachten, kommen jetzt neue hinzu. Mangels deines Bewusstseins in Richtung deiner eigenen Liebe ist ja genug Platz dafür vorhanden.

Gedankliche Grübeleien, Symptome, eine mögliche Krankheit betreffend, nehmen irgendwann überhand. Die Angst davor breitet sich in dir aus. Jetzt ist es möglich – du wirst wirklich krank.

Jeder ist selbst für seine Krankheiten verantwortlich. Jeder Mensch kann es sich „selbst aussuchen“, ob er krank oder gesund und glücklich sein will. Ob er auf sein eigenes Gefühl hören, oder seine

Gedanken lieber vollends in vorherrschende Systeme integrieren möchte.

Unter anderem war zu lesen: „Gesundheits-Check gibt Sicherheit – Früherkennung reduziert das Krankheitsrisiko. Die Krankenkassen schreiben Menschen, die keine Vorsorgeuntersuchungen in Anspruch nehmen.“

Warum soll ich solche Untersuchungen in Anspruch nehmen? Damit Kosten verursacht werden, von deren Bezahlung eine bestimmte Institution profitiert? Um Abhängigkeiten und Ängste zu schüren, das Untersuchungsergebnis betreffend? Um meine Gedanken, die Grundlage meiner Ängste, zu manipulieren?

Warum will ich mich eigentlich einer Vorsorgeuntersuchung unterziehen? Na, weil ich „sicher sein will, dass ich gesund bin“. Natürlich! Und, sobald ich mich gedanklich mit einer solchen Untersuchung befasse, übernimmt die Angst vollends das Geschehen. Die Angst, die ohnehin schon in mir regierte, nämlich die Angst vor einer Krankheit, sie wird jetzt noch verstärkt.

Mittlerweile wissen wir ja - genau das, wovor wir Angst haben, ziehen wir magisch an. Wann sich diese Anziehung auswirkt, ist zeitlich nicht einzugrenzen. Vielleicht gerade unmittelbar nach einer solchen Untersuchung?

Dieses hier dargestellte Szenario, von Befindlichkeitsstörungen bis zu den verschiedensten Krankheiten, kann sich über Jahrzehnte hinziehen. Bin ich schließlich krank, fällt es mir noch schwerer, meine Gedanken in Richtung eigener Liebe und somit „bester Gesundheit" auszurichten.

Macht uns nur eine einfache Verkühlung zu schaffen, oder läßt das Krankheitsbild auf Krebs oder eine vergleichbare andere „schwere" Krankheit schließen. Gewohnheitsgemäß ist der „Herr Doktor" jetzt unser Ansprechpartner. Sogenannte praktische Ärzte, Primarärzte, Spezialisten oder Professoren stellen verschiedenste, aus Ratlosigkeit oft beliebige, Diagnosen.

Wir begeben uns also vollkommen in die Obhut des behandelnden Arztes. Unverständliches, lateinisches „Kauderwelsch" lassen wir über uns ergehen. Einschränkungen oder ärztliche Vorgaben nehmen wir widerwillig zur Kenntnis. Vor allem aber werden als Ursachen von Krankheiten meist Fehlfunktionen ganz bestimmter Organe und ganz bestimmter Körperteile genannt. Mehr oder weniger genau definiert, sollen diese verantwortlich sein.

In diesem Fall, liebe Ärzte und Wissenschaftler, befindet ihr euch ganz gewaltig auf dem „Holzweg". Ich sage euch auch, warum.
Der menschliche Körper ist ein wunderbares Ganzes. Wie ein präzises Uhrwerk läuft er Tag für Tag, Jahr für Jahr. Wie ihr womöglich wisst, funktioniert kein noch so hochentwickeltes

Instrumentarium auch nur ansatzweise so reibungslos, ist derart belastbar oder reagiert vergleichsweise überdurchschnittlich intelligent.

Im Körperinneren läuft alles wie „am Schnürchen“. Jegliche Körperteile und –funktionen greifen ineinander. Gesteuert durch einen natürlichen Prozess, der besser nicht abgestimmt sein könnte.

Jedoch auch gekoppelt und in Gleichklang mit der menschlichen Psyche. „Je wohler wir uns in unserer Haut fühlen“, je gelassener wir es nehmen können, wie es kommt, je mehr uns bewusst ist - das Wichtigste und Beste für uns sind wir selbst - desto eher erfreuen wir uns unserer Gesundheit – versprochen!

Weshalb es nicht effektiv ist, nur der Erkrankung eines bestimmten Bereiches im Körper oder eines einzelnen Organes die volle Aufmerksamkeit zu schenken.

Nie kann es zielführend sein, auf einer solchen Basis einen Befund zu erstellen, eine Behandlung oder gar einen operativen Eingriff durchzuführen. Abgesehen davon, dass der Ursprung jeder physischen Krankheit psychische Ungereimtheiten sind. Letztendlich wird das Ergebnis obiger Vorgehensweise kaum zum Ziel führen.

Indem massiv in den von mir erwähnten „natürlichen Prozess“ eingegriffen wird, nehme ich dem Körper die Möglichkeit der

Selbstheilung. Durch die Einnahme von Medikamenten, speziell gegen eine bestimmte „Krankheit“, werden zusätzlich andere Körperregionen geschädigt oder zumindest massiv belastet. Reaktionen darauf bekämpft man womöglich wiederum mit der Zufuhr anderer Chemikalien. Was die Apotheken freut, die Ärzte eventuell korrumpierbar gegenüber der Pharmaindustrie macht, wird den Körper zusehends schwächen.

Sich selbst vollkommen heilen – das kann jeder Mensch ausnahmslos nur selbst. Durch die Veränderung des Bewusstseins in Richtung eigener Liebe werden Selbstheilungskräfte aktiviert, die den Gesundungsprozess übernehmen. Dabei ist es völlig unerheblich, um welche Krankheit es sich handelt.

Andererseits kann keine Macht der Welt, kein Gift der Schulmedizin, keine Behandlungsmethode, bewirken, dass ein Mensch gesund wird, wenn genau dieser Mensch nicht gesund werden will. Jeder kennt wahrscheinlich Menschen, die jahrelang (ärztlich) behandelt wurden, ohne sichtbaren Erfolg.

Es ist unmöglich, eine Krankheit, eine Wunde, Schmerzen, zu heilen, wenn der oder die Betreffende dies ablehnt. Du glaubst, ich spinne? Du denkst, so etwas gibt es nicht? Warum sollte denn ein Mensch nicht gesund sein oder nicht wieder gesund sein wollen?

Nehmen wir zur Erklärung Augen- und Ohrenkrankheiten ins Visier. Typische, körperliche Beeinträchtigungen, die im Unterbewusstsein kreiert wurden. Unbewusst habe ich es „satt", zum gleichen Thema, oder der gleichen Person, zuzuhören. Ich will das nicht mehr hören, sehe aber keine Möglichkeit, dem aus dem Weg zu gehen. Mache ich halt Kompromisse, was soll`s. Das Ohr führt den Befehl von mir aus. Und so kann ich nur mehr eingeschränkt hören.

Oder – ich bin es leid, in einer Situation weiter zuzusehen. Ich glaube aber, nicht wegsehen zu dürfen oder zu können. Will es mir aber nicht eingestehen. Ändere ich nichts an dieser Lebenssituation oder an meiner Einstellung, sind irgendwann Augenprobleme vorprogrammiert.

Die Entwicklung des Bewusstseins in Richtung eigener Liebe, in Richtung sich selbst. Ärzte lassen dies meist außer acht. Sie beziehen diesen wichtigsten Faktor Mensch kaum oder gar nicht mit ein. Lieber richten sie ihre Behandlungsmethoden ausschließlich nach studiertem oder erlerntem fremden Wissen aus. So stoßen sie irgendwann an ihre Grenzen.

Durch Operationen werden kaum zufriedenstellende Ergebnisse auf Dauer erzielt. Andere Operationen, und zwar die meisten davon, sind ohnehin nicht notwendig.

Selbst in einer Welt, voll von gehetzten, getriebenen, von Stress erfüllten, Menschen. Kann die „Verschreibung“ von Medikamenten zur schnellen Abschwächung oder Abtötung von Symptomen einer Krankheit der Weisheit letzter Schluss sein? Wo sich in der Folge so „vertriebene“ Schmerzen an anderer Stelle des Körpers wieder bemerkbar machen? Weil die Ursache dafür nicht ausgeräumt wurde? Wohl kaum.

Nun, ich bin Heiler. Auch ich helfe und heile Menschen. Wie ich das mache, wo ich doch kein Arzt bin?

Ich heile, indem durch mich Energie übertragen wird. Meine Behandlung erfolgt nach keiner besonderen Methode. Der zu behandelnde Körper nimmt diese Energie ohnehin dort auf, wo er sie zur Heilung benötigt. So sorge ich für einen langsamen Abbau seelischer Blockaden.

Schmerzen werden gelindert oder lösen sich vollends in Luft auf. Der Stoffwechsel wird bereits während der Energieübertragung angekurbelt. Ein so beschleunigter Stoffwechsel treibt die Entgiftung des Körpers voran. Gleichzeitig liefere ich damit eine Basis für die weitere Bewusstseinsbildung.

Im Gegensatz zur ärztlichen Behandlung helfe ich, sich selbst zu helfen. Speziell bei dieser Methode ist der Erfolg umso größer, je eher der „Kunde“ bereit ist, sich mit sich selbst auseinander zu setzen. Natürlich tritt der Heilerfolg auch ohne „Kooperation“ ein. Über einen Zeitraum von Tagen, Wochen oder Monaten. Solange, bis selbst geschaffene, neue Blockaden wieder den physischen Körper strapazieren.

Als besonderes „Schmankerl“ biete ich an, die Chakren, die Energiezentren unseres Körpers, zu reinigen, zu öffnen und gleichmäßig auszurichten. Die Chakren, die strapaziert werden, je nachdem, auf welche Bereiche meines Lebens ich mich konzentriere.

All diese Heilbehandlungen tragen dazu bei, den „Fluss“ im Inneren unseres Körpers zu gewährleisten. Dem Körper wird so nachhaltig geholfen, sich selbst wieder zu generieren. Jedoch ist zu bedenken – um vollkommene Gesundheit zu erlangen, ist Geduld und Ausdauer gefragt. Ich selbst erfuhr diese Form der völligen Schmerzlosigkeit als „Nebenprodukt“ meines Weges zum wahren Ich.

Durch meine bewusste persönliche Entwicklung der letzten Jahre und eine daraus entstandene Eigenliebe wird durch mich Energie auf höchster Ebene übermittelt. Mit der Kraft meines Geistes und somit der Kraft und Führung der Engel.

Diese Beschreibung mag amüsant klingen. Der von mir geschilderte Ablauf als zu banal, als zu wenig anspruchsvoll. Trotzdem ist dazu sonst nichts zu sagen. Außer – es ist dies die natürlichste Form der Heilung für Mensch und Tier – auch ohne dafür unbedingt einen

Namen erfinden zu müssen. Bei Tieren zeigen Energiebehandlungen den größten Erfolg. Sie spüren, es wird ihnen Gutes getan und lassen es instinktiv geschehen.

Des Lebens tiefste Essenz ist Energie. Mangel an Energie wirkt sich schädlich auf den gesamten Körper aus. Gedanken geraten so ins Stocken, machen müde, traurig und krank.

Unsere Körperzellen nehmen gerne Energie auf. Menschen verbrauchen bei weitem mehr Energie, als sie durch die Sonne, die Nahrungsaufnahme oder durch sportliche Betätigung speichern können. Energie tanken im umgangssprachlichen Sinn kann eine „Momentaufnahme“ sein. Der Körper wird aber nicht weiter davon profitieren.

Durch meine Übertragung konzentrierter, gebündelter, reiner Energie ist der Körper wieder mit dem „Werkzeug“ versorgt, mit dem er auf wunderbare Weise den Körperhaushalt managt.

Mein Tun ist nicht messbar, läßt sich nicht begründen oder beschreiben und nicht wissenschaftlich belegen. Du kennst wahrscheinlich den Ausspruch bei Maschinen „wer schmiert, der fährt?“. Nun, jeder Mensch kann nur selbst abschätzen, wieviel Gutes er seinem Körper durch eine schmerzlose Energiebehandlung tun möchte.

Auch vorbeugend, ohne angstverursachende Diagnosen. Wodurch Schlimmeres verhindert wird und spätere nerven- und zeitraubende Behandlungen erspart bleiben. Vielleicht sollte ich bei den Krankenkassen vorsprechen und auf die Kosten hinweisen, die bereits eingespart wurden, durch Behandlungen meinerseits? Wie würden diese wohl reagieren ?

Beliebige Entfernungen spielen bei meinen Heilbehandlungen keine Rolle. Nachvollziehbar ist lediglich die Wirkung. Ich beurteile nie den Gesundheitszustand eines Menschen – finde es auch nicht wichtig.

Aber ich bin eine wahre Quelle der Inspiration, geht es darum, Menschen zu helfen, ihren Mangel an schöpferischer Urkraft auszugleichen oder mögliche Ursachen für Verhaltensweisen zu ergründen.

Niemand möge Energie vergeuden, um zu erforschen und zu begründen, wie und wodurch Heilungsprozesse funktionieren. Man kann diese Energie besser einsetzen, egal, bei welchem Tun.

Ist es eigentlich wichtig, w i e du wieder gesund wirst? Oder ist das einzig Wahre, dass du gesund b i s t ? Von immenser Bedeutung ist dabei die Ursache der Erkrankung. Ein Umstand, in der sich ein Mensch gerade befindet. Eine bereits durchlebte Situation. Der Grund „dahinter“.

Deshalb, liebe Ärzte - solltet ihr nicht vorrangig, gemeinsam mit dem Patienten, den Lebensabschnitt eruieren, der die Psyche derart prägte? Den Umstand herauskristallisieren, der so bedeutend, so belastend war, dass der Körper irgendwann Schmerzsignale sendete? Eine Korrektur der Gedanken, das Zulassen anderer Sichtweisen fördern? Seid ihr damit vielleicht selbst überfordert?

Durch das Abtragen gedanklichen Mülls räumt jeder Mensch selbst den größten Brocken seiner Schmerzen weg. Die Frage ist, wollen Ärzte so eine Vorgehensweise überhaupt? Die Patienten aufmerksam machen, sich selbst zu heilen? Könnten sie dann noch ihrer Rolle als „Gott in weiß“ gerecht werden?

Oder kann dieser Status ohnehin nur mehr mühsam aufrecht erhalten werden? Und vielleicht auch nur deshalb, weil die Menschheit mangels des Wissens über natürliche Heilmethoden solche nicht in Betracht zieht? Sollte angesichts von Büchern mit dem Titel „Ärzte gefährden ihre Gesundheit“, wo über „erfolgreiche Geschäftsmodelle über die Erfindung von Krankheiten“ zu lesen ist, nicht ein neuer Denkprozess eingeleitet werden? Sowohl von Ärzten, als auch von Menschen, die Hilfe suchen?

Wie auch immer – manches geschieht einfach. Die Menschen scheitern ständig mit Erklärungsversuchen zu den verschiedensten Themen. Und doch stellen sie komplizierteste Analysen auf oder strapazieren den Verstand sonst, um Dinge zu verstehen.

P.S. - dazu brauchen wir nicht „stark sein“. Auf jeden Fall nicht stark in der Form, wie es die allgemeine Meinung interpretiert. Nämlich die Zähne zusammenbeißen. Nach dem Motto „was uns nicht umhaut, macht uns nur härter“. Sind wir in der Form wirklich stark? Oder frönen wir so nur unserem Ego, das sich freut, soviel Nahrung auf einmal zu erhalten? Ganz zu schweigen von dem zusätzlichen Stress, den wir uns sonst so aufhalsen.

Wir können Stärke zeigen. Indem wir uns selbst und andere liebevoll und demütig behandeln. Dabei brauchen wir auch nicht streng, sondern vor allem unbedingt ehrlich mit uns selbst sein.

Aha, du lügst nie, du argumentierst nur gut? So überzeugend, so lange, bis du eine Situation ins rechte Licht gerückt hast und damit wieder zufrieden sein kannst? Trifft dies dann auch bei dir selbst zu? Wenn du ehrlich bist, bist du auch mit dir selbst und deinem Verhalten in Einklang? Geht es dir wirklich gut dabei? Ehrlich?

Bin ich mutig, wenn ich als körperlich Überlegener oder in einer „höheren Position“ meinem Gegenüber Vorgaben aufzwinge? Wenn ich meine Macht demonstriere oder auf jemanden einschlage? Wie beschreibe ich Mut? Was ist wahre Stärke?

Um diese Definitionen in Worte zu fassen, führen wir uns das Element Wasser vor Augen. In meinem Buch „das wa(h)r(e) Ich“ schrieb ich von einer ungewöhnlichen Art der Meditation. Ich zitiere:

„stellen Sie sich an das Ufer eines Baches und sehen Sie der Strömung und dem Wellengang zu. Einfach nur so und erwarten Sie nichts".

Dies ist eine relativ einfache Übung, die auch bei näherer Betrachtung keinen besonderen Mut erfordert. Und doch bin ich mir sicher – unzählige Menschen sind zu feige, sich an den Rand eines Baches oder eines Flusses zu stellen, um einfach nur einige Zeit hineinzusehen. Ich kann dies nachvollziehen, ich war vor Jahren selbst einer dieser vielen Menschen.

Andere könnten kommen und dies komisch finden. Sie würden sich darüber vielleicht lustig machen. Nur ja sich nicht dieser Lächerlichkeit preisgeben. Das Ganze könnten wir noch abrunden mit Aussagen, wie „ist ja blöd - wozu das alles, bringt e nix".

Also, es fließt einfach nur, mehr nicht. Gemächlich, Tag für Tag, auch nachts. Das Wasser - es plätschert ruhig und beruhigend vor sich hin. Jedem Stein, jedem Hindernis elegant ausweichend. Nachgiebig und reinigend. Schön anzuschauen - die glitzernde Wasseroberfläche eines ruhigen Gewässers, schaut sich die Sonne in den Spiegel.

Und doch kann das Wasser stark sein. Können sich Wassermassen auf zerstörerische Weise machtvoll ihren Weg bahnen. Unaufhaltsam und unwiderruflich alles vernichten, was ihren Weg kreuzt.

Trotzdem das Wasser nur ruhig dahinfließt, trägt es riesige Schiffe und schwere Lasten.

Du brauchst nicht unnötigerweise Purzelbäume schlagen. Je einfacher und ehrlicher du dein Tun gestaltest. Je liebevoller du auschließlich auf dich selbst hörst. Desto gelassener, mutiger und kraftvoller wirst du dein Leben als göttliches Wesen leben.

Wahrheit und Religion

Die **Wahrheit** ist – kein Mensch braucht einen Vermittler zwischen sich und Gott. Als ein Teil Gottes ist jeder Mensch selbst für sein Seelenheil verantwortlich. Unsere Erlaubnis vorausgesetzt, können wir uns dabei der Hilfe und Unterstützung der geistigen Welt sicher sein. Je intensiver wir Bekanntschaft mit unserer eigenen Liebe machen, desto schöner, besser, wird das von uns gewünschte Resultat sein. Desto schneller erreichen wir unsere Ziele. Umso zufriedener genießen wir unser Dasein. U n d wir nähern uns kontinuierlich unserem wahren Ich.

Jede **Religion** ist – ein Machtapparat, der auf der Stelle aufgelöst werden sollte. Dem die Eigenliebe ein Dorn im Auge ist. Der diese Selbstliebe mit Eitelkeit garniert und als Hauptsünde darstellt. „Das Denken der Menschen würde dadurch von Gott, von Allah oder von wem auch immer, abgelenkt und hin zu sich selbst gerichtet“.

Gleich vorweg räume ich mit einem weitverbreiteten, aus Gewohnheit immer wieder auftretenden, Denkfehler der Menschen, auf. Nämlich – das Wort Glaube wird im gleichen Atemzug mit Religion genannt. Glaube und Religion scheinen unzertrennlich.

Dabei muss Glaube nicht unbedingt etwas mit Religion zu tun haben! Das dies ausschließlich in diesem Zusammenhang gesehen werden will, ist natürlich gewollt. Ich spreche hier in erster Linie wieder von der katholischen Kirche, die ja seit jeher damit beschäftigt ist, solche Hirngespinste in die Köpfe der Menschheit einzupflanzen.

Obwohl – auch der Islam macht in den letzten Jahren mit einer zunehmenden Gewaltbereitschaft von sich reden. Im Gegensatz zum Christentum scheut er nicht davor zurück, sein Dürsten nach Macht ganz offen darzustellen. Nichts anderes gelten lassend, legen Muslime ein Aggressionspotential an den Tag, das die Welt erzittern läßt.

Was den indisch-britischen Schriftsteller Salman Rushdie erst kürzlich veranlasste, Religionen als eine „mittelalterliche Form der Unvernunft" zu bezeichnen. Wie ich finde, eine durchaus treffende Formulierung.

Ahmed Salman Rushdie beschäftigt sich mit dem sogenannten „magischen Realismus". Einer künstlerischen Strömung, die in der Malerei, Literatur und mittlerweile auch in der Filmkunst und Fotografie Einlass gefunden hat. Magischer Realismus in der Literatur lässt Grenzen zwischen Realität und Phantasie verschmelzen. Ähnlich dem Surrealismus, der sich mit Leben entgegen traditioneller Normen auseinandersetzt.

Rushdie reichert seine Erzählungen mit Elementen aus der Märchenwelt an. Bekannt wurde er durch sein Werk „die satanischen

Verse“. In der oben bezeichneten Art und Weise stellt er dabei das Leben des Propheten Mohammed, des Gründers des Islam, dar. Innerhalb dieser Religion bedarf es jedoch genau festgelegter Normen, um den Namen des Propheten überhaupt in den Mund zu nehmen. Unter anderem darf eine eigens definierte Ehrerbietung, Mohammed betreffend, keinesfalls ausgelassen werden.

Das Buch von Salman Rushdie war jedenfalls Anlass genug, ihn dafür mittels einer Fatwa (persönliche Rechtsauffassung einer muslimischen Autorität) zum Tode zu verurteilen. Begründet wurde dieses Urteil damit, der Inhalt wäre gegen den Islam, den Propheten und gegen den Koran. Muslime in der ganzen Welt wurden zur Vollstreckung aufgerufen. Ein bis heute gültiges Kopfgeld beträgt mittlerweile mehrere Millionen Dollar.

Du siehst, der Grundtenor unter den Religionen unterscheidet sich kaum. Jede Religion glaubt, Regeln und Vorgaben und damit verbundene Sanktionen festlegen zu müssen. Nur indem Menschen diese „Gesetze“ befolgen, sei ein Praktizieren des Glaubens möglich.

Wer könnte jedoch besser beurteilen, was für den Menschen gut ist, als der Mensch selbst. Wenn er sich nur daran erinnern möchte, dass er selbst ein Teil dessen ist, was die Kirche als heilig zelebriert.

Die Geschichte zeigt uns seit jeher, wie der Wahn von Anhängern verschiedener Konfessionen als der Wille Gottes oder Allahs dargestellt wird. Unter dessen Deckmantel die Menscheit seit jeher unterdrückt und kontrolliert wurde und nach wie vor wird.

Der Unterschied zur heutigen Zeit besteht lediglich darin, dass es heute unmöglich scheint, Menschen der Ketzerei durch die kirchliche Inquisition anzuklagen. Ansonsten gilt das Motto: „keine Religion ohne Furcht"!

Es „schmeckt" der Kirche nicht, wenn Menschen selbständig denken. Es gefällt ihr nicht, finden Menschen ihren eigenen Frieden. Wohl wissend, bei diesen Menschen zeigt das Schüren von Ängsten keine Wirkung. Solche Menschen sind nicht zu kontrollieren.

Die Kirche wäre nicht die Kirche, würde sie nicht kurzerhand diese für sie kontraproduktive und störende, eigene Liebe auf das Schärfste verurteilen.

Dazu muss ein griechischer Jüngling mit dem Namen „Narziss" herhalten, der wegen Hochmuts sein Ende fand. „Hochmut", ein wahrscheinlich von der Kirche selbst kreiertes Wort, das als Untermauerung immer wieder gerne eingeflochten wird.

Und schon sind wir beim Narzissmus. Ein geistiger Zustand, den seit jeher viele sogenannte Berühmtheiten, Ärzte oder Wissenschaftler, versuchen, zu definieren. Der Kirche kommt diese Eigenschaft gerade recht.

Es ist von ihr nicht gewollt, liebt sich ein Mensch selbst am meisten oder wird er wegen seiner selbst geliebt.

So liefert sie eben ihre eigene Erklärung für dieses als Narzissmus bezeichnete Bewusstsein. Menschen würden wegen unstillbarer Selbstverliebtheit automatisch auf die Bedürfnisse anderer vergessen.

Insgeheim wissen Verantwortliche der Kirche sehr genau - das Gegenteil ist der Fall. Je mehr die eigene Liebe im Menschen einen Platz findet, umso harmonischer gestaltet sich der Umgang mit dem Gegenüber. Dieses gilt es natürlich zu verhindern. Wie könnte man sonst mit dem Druckmittel eines zornigen Gottes noch Gehorsam einfordern?

Zwangsläufig muss ich mich in meinen Büchern immer wieder mit der katholischen Kirche im speziellen auseinandersetzen. Mittlerweile scheint es mir unbedingt notwendig, „ihr“ ein eigenes Kapitel zu widmen. Warum?

In der Form kann ich verstärkt dazu beitragen, Menschen auf ihre unzähligen Schuldgefühle und Ängste, größtenteils verursacht durch die Kirche, aufmerksam zu machen. Solche können erst losgelassen werden, ist man sich ihrer Existenz überhaupt bewusst. Milliarden von Menschen sind davon betroffen.

Politiker können der Kirche in der Regel nicht den kleinen Finger reichen, geht es darum, Wahrheiten zu vermischen oder xbeliebige Wahrheiten zu demonstrieren. In der Politik wird viel geredet und meist nicht viel ausgesagt. Vertreter der Kirche treffen ihre Aussagen ganz gezielt, sozusagen punktgenau.

Ich zitiere: „als gläubiger Katholik gehe ich regelmäßig in die Kirche. Aber dass mir von Gott geholfen wird, kann ich nicht glauben. Kann ich mir überhaupt anmaßen, zu denken, Gott wird mir helfen?“

So eine Denkweise kommt nicht von ungefähr. Wir messen Aussagen und Publikationen der katholischen Kirche oder anderer Religionen viel zu viel Bedeutung zu. Abhandlungen verschiedener Wörter werden geschickt in „Glaubensgrundsätze“ integriert.

Durch eine so definierte „Heiligkeit“ verschafft man sich den gewollten Respekt – mit Erfolg. Das Unantastbare, das, wie gewollt, Angst verursacht und wodurch noch besser Macht über die Menschen ausgeübt werden kann.

Dabei verstoße ich gegen nichts „Heiliges“, wenn ich an etwas glaube. In dem Wort heilig findet sich die Eigenschaft „heil“ wieder. Wird jemand, zufälligerweise meist ein Papst, „heilig gesprochen“, ist er der Bedeutung nach einfach nur heil. Es ist für alle Menschen normal, nichts Besonderes und es ist gut, heil und gesund zu sein.

Es gibt keinen Grund, eingeschüchtert zu reagieren. Heil(ig) zu sein ist das einzig Wahre. Eine bestimmte Handlung in Bezug auf eine Religion als die Begehung eines Sakrilegs anzuprangern, entbehrt jeder Grundlage. Lassen wir einfach unserem Sinn für Humor freien Lauf, während wir uns von diesbezüglichen Filmen oder Büchern unterhalten lassen.

Unseren Eltern war es damals ein Anliegen, mich und meine Geschwister „religiös" zu erziehen. Fragten wir als Kinder nach dem Grund dafür, bekamen wir zur Antwort, es „gehöre sich so". Sie mussten es ja wissen!? Schließlich sind sie ja unsere Eltern.

Das Ungewisse, das Unsichtbare, das Unsichere – Angst macht gefügig. „Man weiß ja nie". In der Kindheit umgab uns während des „Gottesdienstes" manchmal eine seltsame Dunkelheit, obwohl es draußen taghell war. Schon damals spürten wir ein Frösteln, wenn der Pfarrer durch seine Predigt zum Ausdruck brachte, was wir denn für arme Sünder seien.

Zur Durchsetzung kirchlicher Vorgaben werden tiefgreifende Parolen gebraucht. Garantie der Zuwendung Gottes, Zuflucht in der Kirche, Zusicherung von Schutz oder die Erlassung von Sünden, um nur die Gebräuchlichsten zu nennen. Menschen in eindrucksvollen Gewändern, Menschen wie wir, untermauern diese Predigten noch mit „Segnungen" in Form verschiedener Rituale.

Einschränkungen, Beschränkungen in Form von Fastenzeiten, werden der Menschheit auferlegt. Festgeschriebene kirchliche Feste, wie Ostern oder Weihnachten, garantieren zusätzlich, dass Menschen nach der Pfeife tanzen. Verschiedenste Begleitzeremonien und Hinweise auf Verse der Bibel sollen „Einhalt gebieten". Wovor?

Die Kirche in der Not als Zufluchtsort benutzen? Möglicherweise! Sicher aber nur, solange die Verantwortlichen keinen Imageverlust befürchten und deshalb die Kirche wieder räumen lassen. Und vorausgesetzt, die Eingangstür ist nicht versperrt.

Im Zuge einer diesbezüglichen Debatte mahnte mich mein Vater mit den Worten: „hoffentlich tritt keine Situation ein, in der du die Kirche einmal brauchst".

So und ähnlich ist die Einstellung vieler Menschen auf der ganzen Welt. Unsicher und geprägt vom Christentum. Als größter Verein weltweit läßt er keine Gelegenheit aus, Ängste zu schüren.

Jedoch - nicht eine Religion ist es, die mich in Zeiten der Gefahr oder vermeintlicher Dunkelheit beschützt. Sondern der Glaube an mich, das Göttliche in mir, schafft eine Quelle des Glücks und der Zuversicht.

Auch ich kann Menschen oder Dinge segnen, jeder Mensch ist in der Lage dazu. Und vor allem – auch ich kann Schutz bieten. Nicht nur durch Körperkraft, sondern vor allem, indem ich ein Gefühl des Beschütztseins visualisiere und dieses Gefühl Menschen übermittle. Diesen Schutz verstärke ich nach Bedarf mit Licht und hülle Lebewesen und Dinge ein. Niemand wird in so einem Fall je auf die Idee kommen, solchen von mir beschützten Menschen Leid zuzufügen, jene Sachen zu beschädigen oder zu stehlen, ohne zu wissen, warum.

Das von mir beschützte Individuum wird ein nie vorher gekanntes Gefühl der Sicherheit verspüren. Ruhig und entspannt wird es jede Situation bravourös meistern. Das Selbstwertgefühl wird ungewohnt präsent sein.

Baue ich Schutz auf, zum Beispiel um ein von mir gelenktes Auto oder um das Flugzeug, indem ich sitze, kann ich sicher sein, es wird mir nichts Schlimmes passieren. Sollte ich dabei unsicher sein, kann ich mir der Hilfe und Unterstützung der Engel sicher sein.

Meine Tätigkeit als Heiler übe ich bereits seit Jahren aus. Zu Beginn musste ich erst realisieren, welche Dinge mir da plötzlich ermöglicht wurden. So beschrieb ich eben nur meine Selbstheilungskräfte. Anfangs erlebte ich immer wieder, wie das hier Geschilderte zwischendurch nicht mehr möglich war. Scheinbar kam und ging diese Gabe, je nachdem ich gerade mein Bewusstsein strapazierte.

Dazu kam die Angst, der ich ins Auge sehen musste. Die ich ausräumen musste, um mich heute als Heiler bezeichnen zu können. Mit dem beständigen Emporklettern meines Selbstwertgefühles kam schließlich die Sicherheit und Beständigkeit. Mittlerweile ist es für mich völlig normal, dass Menschen durch mich geheilt werden.

Dass Menschen durch mich geheilt werden, überwinden sie ihrerseits ihre Angst und Zögerlichkeit. Nämlich, anstatt gewohnheitsgemäß von einem Arzt, jetzt von einem Heiler behandelt zu werden, noch dazu schmerzfrei!

„Wie kann sich jemand selbst nur als Heiler bezeichnen? Ist das nicht absurd? Wahrscheinlich wird halt ein wenig Hokuspokus betrieben, mehr nicht".

Solche oder ähnliche Gedanken geistern in den Köpfen der Menschen herum. Alleine das Wort „Heiler" löst bei vielen Unverständnis aus. Ohne diese natürlichste Form der Heilung auch nur in Betracht zu ziehen, wird „sie" von vornherein ausgeschlossen. Seltsamerweise dringen in der heutigen Zeit die normalsten Vorgänge nicht mehr zu den Menschen durch.

Dazu kommt eine gewisse Bequemlichkeit, gepaart mit Ungeduld und fehlendem Mut. Mut, sich vorhandene Ungereimtheiten bei sich selbst anzusehen. Hinzusehen und Korrekturen vorzunehmen. „Wozu soll ich mich mit mir beschäftigen? Es geht mir doch halbwegs gut.

Bei Bedarf hol ich mir ein paar Tabletten und die Welt ist für mich wieder in Ordnung".

So oder so ähnlich wird oftmals argumentiert. Die Welt ist halt solange in Ordnung, bis sich, scheinbar aus heiterem Himmel, herausstellt – du hast dir selbst zu wenig Bedeutung geschenkt.

Du hast über Jahre oder Jahrzehnte das Wichtigste im Leben, nämlich dich selbst, außer acht gelassen. Du hast auf dich völlig vergessen. Du kennst dich selbst nicht mehr. Du weißt kaum mehr, wer du bist. Kannst du dir noch vertrauen, wo du dich doch ständig selbst belogen hast? Findest du an dir selbst Halt?

Du findest dich in einer Situation wieder, in der du deine ganze Kraft aufbringen musst. Du meinst, du seist erst erwacht? Kannst du dich auf dich verlassen? Oder fühlst du dich gerade jetzt wie gelähmt? Hättest du vielleicht schon früher Verhaltensweisen, wenn auch nur geringfügig, ändern sollen? Als du noch Herr oder Frau deiner Sinne warst? Als es dir noch gut ging? Zu einer Zeit, als du die Dinge noch bequem und locker anpacken konntest?

Das zur Kooperation, die ich im vorigen Kapitel in Zusammenhang mit meinen Energiebehandlungen angesprochen habe. Durch die sich jeder Mensch nur selbst auf Dauer vollkommen heilen kann.

D e r Unterschied zu einer ärztlichen Behandlung, wo ich ausschließlich mit mir machen lasse, ohne mein Zutun. Bei der ich mich völlig abhängig mache und hoffe, der behandelnde Arzt verordnet wenigstens die richtigen Medikamente. Gegen deren Aus- und Nebenwirkungen mein Körper zusätzlich ankämpfen muss.

Wieder zurück zur katholischen Kirche, die nie wirklich erkennen ließ, Schutz zu bieten. Das Streben nach Macht war seit jeher immer deren wirkliche Intention.

Wissenschaftler interpretieren und dokumentieren die Bibel ständig aufs Neue. Sie versuchen, in der Bibel geschilderte Vorfälle und Unglücksfälle zu erklären. In deren Zusammenhang sie sogar wüste Szenarien rund um eine mögliche Vernichtung der Menschheit in den Raum stellen. Dabei geschilderte Phänomene verstärken das Mystische am katholischen Glauben.

Ich bezeichne diese lediglich als Märchengeschichten, durch die ständig Aufmerksamkeit erregt werden soll. Eine bessere Werbung für ein Unternehmen, wie die Kirche, gibt es nicht - noch dazu kostenlos.

Auch wenn Papst Franziskus ständig bemüht ist, Abstand zur Camorra (organisierte kriminelle Familienclans in Italien) zu schaffen und ihr Handeln verurteilt. Der Kirche werden seit jeher Verbindungen zur Mafia nachgesagt. Wie mächtig die Kirche wirklich ist, wird vielleicht bewusst, liest man die Aussage eines italienischen Autors, der ein Buch über den Vatikan veröffentlichte.

Ein Aussage dieses Schriftstellers und Journalisten Gianluigi Nuzzi lautete: „Ich gestehe ihnen ganz ehrlich meine Angst vor der Veröffentlichung dieses Buches. Immerhin geht es darin um Vorgänge innerhalb einer der professionellsten und mächtigsten Organisation der Welt“.

Und so geht`s munter weiter. In jedem Lebensbereich, den man sich vorstellen kann, hat die Kirche ihre Finger im Spiel. Befreien sich zwei Menschen durch Scheidung vom Zwang des „heiligen Bundes der Ehe“, können sie sich meist des Unverständnisses der nächsten Angehörigen, der Gesellschaft, von Freunden, der Bewohner des Wohnortes, aber im Besonderen der Kirche, sicher sein.

Egal, ob sich jemand scheiden läßt, oder aus Angst, geschieden zu werden und alleine zu sein, verheiratet bleibt. Ob jemand regelmäßig die Beichte ablegt, damit ihm nur ja seine „Sünden vergeben“ werden. Oder ob sich dieser Jemand aufgrund der vermeintlichen Schwere der Schuld nicht mehr in den Beichtstuhl traut.

Will man sich nach den Sakramenten richten oder nicht. Diese weiteren Hilfsmittel der Machtausübung durch die katholische Kirche verursachen schon für sich alleine - nur indem sie geschaffen wurden – ausschließlich Angst!

Zelebriert werden diese Sakramente naturgemäß in Kirchen oder bei Gedenkstätten. An solch „heiligen“ Orten wird meist um Ruhe gebeten. Ich sah schon eigens dafür angebrachte Tafeln mit dem Wort „Stille“.

Dieses Wort an und für sich wäre ja ein guter Anfang. Eine sympathische Einleitung für eine Einladung zu solch einem Platz. Tatsächlich inspirierend, um das Innere einer Kirche kennenzulernen.

Um Ruhe zu haben, in Ruhe nachdenken zu können. Die Stille wirken zu lassen. Keine unliebsamen Störungen in Kauf nehmen zu müssen. Einfach nur beten und alleine mit sich selbst sein.

Schön wär`s. Niemand würde aus so einer friedlichen Gesellschaft austreten wollen. Tatsächlich aber löst dieses einfache Wort „Stille“, angebracht an der Kirchentür, bei den meisten Menschen ein mulmiges Gefühl aus.

Gottesfürchtig zu Boden schauend, den Zeigefinger vor den Mund haltend, um Kinder das Sprechen zu verbieten. Voller Schuld- und Schamgefühle, die seit unserer Kindheit in uns brodeln. Können wir uns so in einer Kirche wohlfühlen? Geht es uns gut dabei?

Spätestens beim Verlassen der Kirche haben sich diese Gefühle der Angst, der Scham, der Reue ..., in den Köpfen der Menschen wieder neu verankert. Sie etablierten sich wieder aufs Neue oder verstärkten sich sogar. Durch Predigten, Zitate aus der Bibel oder einfach nur durch vorhandene Fresken oder Statuen.

Andächtig wird dieser Jesus am Kreuz betrachtet. Meist von hoch oben auf uns „kleine Menschen“ schauend. All die Pracht und der Prunk, dargestellt durch vergoldetes, schön geschmücktes Interieur.

Wozu hält eine Religion, die mit der Liebe Gottes argumentiert, eigentlich all diese Reichtümer in ihrem Besitz? Wozu das viele Gold? Warum überall Marmor, wohin man auch blickt? Weshalb müssen die Mauern so gewaltig, die Fenster und Kuppeln so groß und vielschichtig sein?

Um zu beeindrucken? Um Gott zu huldigen? Um die Bezeichnung Kulturgut zu unterstreichen? Um zur Schau zu stellen, wie groß, wie reich und mächtig, wie allgegenwärtig diese Organisation ist?

Ist es gewollt, darzustellen, wie scheinbar klein und zerbrechlich doch der Mensch ist? Soll uns vor Augen gehalten werden, dass wir nie und nimmer das Göttliche in unserer eigenen, „begrenzten“ Existenz finden würden? Will die Kirche unmissverständlich ihre Vorherrschaft zum Ausdruck bringen, unter deren Vorgaben ausschließlich der Glaube an Gott nur zelebriert werden kann?

Für viele Menschen ist das hier Geschriebene nichts Neues. Trotzdem sehen sie darüber hinweg und zahlen brav die ihnen vorgeschriebene Kirchensteuer. Die Fastenzeit wird natürlich unbedingt eingehalten.

„Praktischerweise tue ich so dem Körper gleichzeitig etwas Gutes. Außerdem - letztendlich weiß man ja nie, brauche ich die Kirche vielleicht doch einmal? Werde ich genug Halt an mir selbst finden? Oder nicht ...?“

„Eigene Kinder taufen zu lassen oder sie an der Erstkommunion teilhaben lassen, ist natürlich Pflicht. Schon der Allgemeinheit und der Schule wegen kann man sich davor ja nicht distanzieren“.

Dass die Dominanz der Kirche schon im zarten Baby- oder Kindesalter Spuren hinterläßt, die sich nicht mehr leicht verwischen lassen, sollte bewusst sein. Für`s Erste sind diese neuen Erdenbürger einmal der katholischen Kirche zugehörig. So lange, bis sie sich ihre eigenen Gedanken machen, unbeeinflusst, nur dem eigenen Willen gehorchend.

Manchmal scheint es schier unmöglich, sich aus den „Klauen“ der Kirche zu befreien. Penibel wird das ganze Jahr über an ihre Existenz erinnert. Arbeitsfreie Feiertage sind geschickt über den ganzen Kalender verteilt. Kirchliche Feste müssen gefeiert werden. Sie werden den Menschen richtiggehend aufgezwungen.

Die Menschheit ist derart beeinflusst von der Kirche - kaum jemand kann sich dieser Stimmung entziehen. Viele wollen das auch nicht. Obwohl dadurch geschürte Erwartungen oft Anlass genug für Auseinandersetzung und Streit sind. Der Festtagsrummel kommt aber trotzdem gerade recht, um von sich selbst abzulenken.

Regelmäßiges Gebimmel von Kirchenglocken ist anscheinend nicht mehr wegzudenken. Gleiches gilt bei anderen Glaubensrichtungen, für die lautstarke Aufforderung zum Gebet oder Ähnliches. Damit wird Religionen ein Tun zugestanden, wofür der einzelne Mensch wegen Lärmerregung bestraft werden würde.

Nicht nur, dass sich viele Menschen, wahrscheinlich unbewusst, als Leibeigene der Kirche fühlen. Auch der Aufruf einiger Geistlicher zum „Ungehorsam“ gegenüber Rom unterstreicht den dringenden Reformbedarf.

Ich weiß, eine Auflösung der katholischen Kirche kommt nicht in Frage. Zuviele Gläubige auf der ganzen Welt wollen an dieser Institution und der damit verbundenen, teilweisen Illusion, ihr Seelenheil finden. Zumindest wäre aber eine generelle Erneuerung in Form eines 3. vatikanischen Konzils wünschenswert.

Dazu rufe ich das Jahr 1965 in Erinnerung, wo es die katholische Kirche zum ersten Mal seit ihrem Bestehen, sprich seit tausenden von Jahren, für notwendig befand, Reformen im Zuge des zweiten vatikanischen Konzils umzusetzen.

Das 1. vatikanische Konzil wurde 1870 aufgrund äußerer Umstände auf unbestimmte Zeit verschoben und nicht wieder aufgenommen.

Diese Voreingenommenheit wird nicht geringer, trotz der schillernden Figur des Papstes. Ihm wird seit langem offiziell Unfehlbarkeit zugestanden, bei seinen Entscheidungen, zumindest das Kirchenrecht betreffend.

Trotzdem scheint dies eine große Bürde, für mehr als eine Milliarde Katholiken verantwortlich zu sein. Diese n i c h t notwendige Verantwortlichkeit eines Menschen für andere lastet scheinbar schwer auf den Schultern des Pontifex. Gedacht einzig und allein dazu, den freien Willen der Menschen zu lenken und zu beeinflussen.

Das Konklave, die Papstwahl durch die Kardinäle, findet in der sixtinischen Kapelle im Vatikan statt. Besonders aufwendig gestaltete Wand- und Deckengemälde zieren das Innere dieser Kapelle. Diese Malereien sind einerseits eine Attraktion für Besucher, erzählen andererseits aber zum Teil düstere Geschichten.

Nicht nur, dass dunkel gekleidete, kräftige Männer mit finsterem Gesichtsausdruck bei den Touristen lautstark für Ruhe sorgen. Selten verspürte ich ein düsteres, dunkleres, kälteres Gefühl, als in dieser sixtinischen Kapelle. Und das lag wahrlich nicht an den vielen Schwingungen der Besucher oder der kalten dicken Mauern. Unter dem Einfluss solcher Energien wird das Oberhaupt der katholischen Kirche gewählt.

Ja und deshalb ist es auch nicht verwunderlich, wenn der Papst mit dem traditionellen Segen „urbi et orbi“ seine Herrschaft über Rom und die ganze Welt (orbi = orbit = Erdkreis, Erdumlaufbahn, Universum) verkündet. Weshalb wollen diesem Machtgehabe so viele beiwohnen?

Warum verbinden Menschen mit einer Verkündigung der Weltherrschaft die Vergebung ihrer Sünden? Die sie ohnehin nicht begangen haben! Was soll man davon halten?

Das Feuer der Liebe

Das Feuer göttlicher Liebe – wir alle haben es in uns. Jeder kann die Wärme dieses Feuers in sich spüren. Kann es konzentriert wahrnehmen, wenn er dies auch will. Das Bewusstsein jedes Menschen entwickelt sich paralell zum Bewusstsein seiner eigenen Liebe.

Je mehr ich von meiner eigenen Liebe entdecke, desto häufiger erfüllen sich meine Wünsche. Je mehr ich demzufolge bei mir selbst Halt finde, desto schneller werden Träume wahr.

Mittlerweile haben die Leser meiner Bücher und jene, die mich besser kennen, die eigene Liebe als das beste Heilmittel kennengelernt. Liebe heilt alle Schmerzen. Es gibt sie rezeptfrei bei uns selbst. Jeder Mensch findet dieses Allheilmittel in seiner eigenen „Hausapotheke“. Naturgemäß ist ständig ein großer Vorrat davon vorhanden.

Die eigene Liebe ist auch das wirksamste Antidepressivum, ohne Nebenwirkungen. Ich weiß, ich bin bekannt dafür. Aber es schadet nicht, an die eigene Liebe ständig erinnert zu werden. Nichts Besseres kann uns je in unserem Leben widerfahren, werden wir uns „ihrer“ bewusst.

Ja, macht Liebe denn nicht blind? Wie gesund kann Liebe dann sein? Die Gesundheit ist natürlich garantiert! Man möchte es nicht glauben, sogar die Wissenschaft ist mittlerweile davon überzeugt - Liebe beschleunigt Heilprozesse!

Trotzdem die katholische Kirche ein ganzes Kapitel in diesem Buch einnimmt, ist es auch zwischendurch immer wieder wert, einen Blick auf diese Institution zu werfen. Deren altbekannte Aussage lautet: „Liebet euren Nächsten, wie euch selbst".

Übersetzt heißt das: „schaut euch zuerst um andere um, kümmert euch immer zuerst um den Nächsten. Wenn ihr dann noch Zeit habt, werft halt mal einen Blick auf euch selbst". Vorausgesetzt, ihr habt währenddessen nicht (schon wieder) auf euch selbst vergessen.

Die obige Formulierung soll von uns ablenken. Das ist die ständige Intention der Kirche, der Politik, der Mächtigen dieser Welt - auf uns selbst zu vergessen. Uns von uns selbst wegzubewegen. Nicht auf uns zu achten. Mehr dazu im nächsten Kapitel „das Unbewusste".

Stünde bei der Kirche der Mensch im Vordergrund, würde der vorhin zitierte Slogan lauten: **„Liebet zuerst euch selbst – dann liebt euren Nächsten".**

Je größer die Liebe zu dir selbst, desto größer kann nur die Liebe zu deinem Nächsten sein. Umso stärker liebst du deine Kinder, umso intensiver liebst du dein Gegenüber. Du kannst nur geben, wovon dir bewusst ist, dass du es selber hast. Und, du erntest, was du säest. Du sendest aus, wie sehr du dir selbst Liebe zuteil werden lässt – Liebe wird in beliebiger Form im Außen wieder zu dir zurückkommen.

Ich meine – jeder Mensch sehnt sich nach Liebe und Geborgenheit. Egal, ob er dies nun verbal kundtut, die Liebe stillschweigend herbeisehnt oder gar leugnet. Liebe heißt die Lösung. Ausschließlich sie ist es, die alleine bestimmt, wie wir unser Tun, unser Sein, unser Leben, gestalten.

Vielen ist klar, es ist so. Zumindest erahnen sie es. Manches Mal schon hatten sie dieses starke Gefühl. Trotzdem Menschen wissen, sie finden vorwiegend bei sich selbst Liebe, scheuen sie davor zurück, „sie" bei sich zu suchen. Stattdessen wird das Ego mit anderen scheinbaren Glücksmomenten gefüttert. Wird Ersatz gesucht in der Gesellschaft. Wird Halt gefunden im Berufsleben. Wird sich Ablenkung verschafft in der Partnerschaft.

Auf unserem Weg gilt es, uns selbst kennenzulernen. Von unserer gelebten Oberflächlichkeit abzutauchen zu unserem Innersten. Letztlich zu wissen - wir sind ein Teil Gottes, ein Teil des Universums, somit Teil eines Ganzen. Zu spüren, wie uns in Form unserer eigenen Liebe, Macht und Stärke zuteil wird. Zu sehen, wie wir unabhängig und einfach nur wir selbst sein können.

Und genau so kann man sich die höchste Ebene des Bewusstseins vorstellen. Ausschließlich die Liebe in mir selbst und die Liebe bei meinen Mitmenschen sehen. Das Leben zu nehmen, wie es kommt, ohne den Verstand zu gebrauchen.

Das Leben aktiv nach meinen Vorstellungen gestalten. Ohne Vorurteile, Erwartungen oder Wünsche. Ohne limitierende Gedanken das Wollen vollkommen mit meinem Tun in Gleichklang bringen. Im vollständigen Bewusstsein der eigenen Liebe das wahre Ich leben.

Die meisten Menschen machen sich in ihrem ganzen Leben kaum Gedanken in diese Richtung. Bei der Ablenkung, die ihnen ständig geboten wird und dem Stress, den sie sich ständig auferlegen lassen, sind sie auch gar nicht gewillt.

Gewillt, auch nur ansatzweise zu versuchen, ihr eigenes Leben in solche Bahnen zu lenken. Situationen und Umstände zu schaffen, in denen und mit denen sie wirklich glücklich und zufrieden sind. Es wäre dies neuerlich eine Aufgabe, die sie meistern müssten. Bei den ohnehin schon vielen unnötigen Dingen, für die sie Zeit aufbringen sollen.

Warum ich die Dinge, mit denen sich die meisten Menschen beschäftigen, als unnötig bezeichne? Um dich zum Nachdenken anzuregen! Und weil unser Tun, unser Verhalten, auf der einen Seite so sein muss. Weil immer alles gut ist, wie es ist. Um daraus zu lernen. Um zu verstehen, wie es war und wie es sein könnte.

Und weil auf der anderen Seite nichts wichtiger ist, als du selbst. Schon gar nicht die vielen Dinge, durch die wir es täglich verabsäumen, unser Leben bewusst in unsere eigene Richtung auszurichten.

Letztendlich beten uns noch die Religionen vor, der Mensch alleine sei nicht stark genug, nicht gut genug und ein armer Sünder. Wundert es uns, dass wir nur mehr „mit den Ohren schlackern“ und nicht mehr beurteilen können, was gut für uns ist?

Ich bin kein aufrührerischer Geist. Ich hetze niemanden auf. Stattdessen versuche ich, Menschen aufzurütteln und sie zu inspirieren, wenn sie das auch wollen. Ich verurteile und beurteile niemanden, sondern zeige schlicht und einfach Wahrheiten auf.

In meinen Büchern zelebriere ich ausschließlich den Weg zur eigenen Liebe. Wenn ich auch die verschiedensten Blickwinkel einnehme, unterschiedlichste Sichtweisen dafür heranziehe und gewollte Wiederholungen einflechte – das Ziel, das Resultat, das Eine, ist stets wieder nur die eigene Liebe.

Meine schriftstellerische Tätigkeit ist ähnlich der eines sogenannten „Ghostwriters“ (Geisterschreiber). Ein Autor, der im Auftrag oder im

Namen anderer, Bücher schreibt. Ich bin bemüht, unter der Führung der Engel, die eigene Liebe als höchstes Gut den Menschen näher zu bringen. Ich selbst gelangte so zu einem völlig neuen Bewusstsein.

Im Grunde seines Herzens ist jeder Mensch Spezialist in Sachen Liebe. Und jeder Mensch hat seine Bestimmung. Oder wie der bereits verstorbene, ehemalige Präsident Südafrikas, Nelson Mandela, bei seiner Antrittsrede meinte: **„jeder Mensch ist dazu bestimmt, zu leuchten".**

Andere Formulierungen von Nelson Mandela, die es wert sind, darüber nachzudenken, lauten:

„Es ist unser Licht, nicht unsere Dunkelheit, die uns am meisten Angst macht. Und lassen wir unser Licht erscheinen, geben wir anderen Menschen die Erlaubnis, das Selbe zu tun".

Oder: „dich selbst kleinzuhalten, dient nicht der Welt. Wir sind geboren worden, um den Glanz Gottes, der in uns ist, zu manifestieren".

Solche Aussagen sind ungewöhnlich für einen Politiker. Noch dazu, weil er damit „voll ins Schwarze" getroffen hat. Treffender hätte man das Bewusstsein der eigenen Liebe nicht umschreiben können.

Sich der eigenen Liebe bewusst sein, heißt nicht nur „lieb zu sein". Sie umfasst auch Eigenschaften, wie Mut, Konsequenz, Stärke, vollkommene Ehrlichkeit und Durchsetzungsvermögen. „Sie" findet sich wieder in einem glücklichen Leben ohne Kompromisse. In einer Zeit, in der ich ausschließlich ich selbst bin. In einer wunderbaren, sich ergänzenden Beziehung, in Wohlstand ... .

Auf dem Weg dorthin gibt es meist einige oder sogar viele persönliche Ungereimtheiten, sogenannte Blockaden, die verhindern, dass wir einen gewissen Teil unseres Bewusstseins erst gar nicht realisieren. Es wird uns nicht klar, dass es da etwas gibt, das uns blockiert.

Offenbar wollen nach wie vor die Wenigsten einen Zusammenhang herstellen, zwischen der eigenen Liebe und dem Korrigieren von Verhaltensweisen. Habe ich in den letzten Jahren in Gesprächen darauf hingewiesen, wurde ich einfach nicht gehört, es wurde mir nicht geglaubt.

Menschen lehnen kategorisch ab, auf diese einzig mögliche Art und Weise ihre eigene Liebe zu finden. Ohne in diese Richtung auch nur einen Gedanken zu verwenden, wird diese effektive Variante von vornherein ausgeschlossen.

Eine beliebte Eigenart der Menschheit. Ablehnen, ignorieren, oder noch „besser“, gleich verurteilen. Um sich nicht aus Unkenntnis oder Unwissenheit zu blamieren, anstatt sich zu informieren.

Ich werde nicht müde, zu erklären, wie einzigartig und revolutionär, gleichzeitig aber einfach und trotzdem effektiv es ist, eine leichte Änderung des eigenen Verhaltens zu versuchen. So entferne ich mich von der Vergangenheit, einem Lebensabschnitt, der mich im „Jetzt“ ohnehin nicht weiterbringt.

Den eigentlichen Vorgang der Korrektur von Verhaltensweisen beschreibe ich in meinem Buch „das wa(h)r(e) Ich“. Meist wird es für unmöglich gehalten, das von mir geschilderte Resultat zu erzielen. Zum besseren Verständnis deshalb dazu noch folgende gedankliche Abfolge:

Niemand kann dir sagen, was du tun sollst, wenn du wirklich etwas ändern möchtest. Außer, dass D U der oder die bist, der oder die an oder mit sich arbeiten muss. Eigentlich verwende ich das Wörtchen „muss“ nur sehr ungern.

Aber beruht deine freiwillige Entscheidung darauf, etwas zu verändern, ist es halt so, dass du der Hauptdarsteller bist. Das ist nicht zu ändern. Du bist die wichtigste Person in jeder Szene deines Lebens. Somit musst auch du selbst den größten Teil der „Arbeit“ leisten.

In dieser deiner Rolle lüftest du nach und nach das große Geheimnis deiner eigenen Liebe. Wie kannst du jetzt zu dieser, dir unbekannten Liebe, vordringen? Der erste Schritt ist bereits getan. Bisher wußtest du ja gar nichts von der Existenz dieser Liebe.

Die eigene Liebe zu erkennen, sie zu entdecken, heißt, dich selbst kennenzulernen. Es heißt aber auch, dich selbst zu verstehen, an dir selbst Halt zu finden. Dazu musst du deinen eigenen Weg gehen.

Wie weißt du, du bist auf deinem eigenen, besonderen Weg? Wie findest du deinen, ganz für dich speziell zugeschnittenen, individuellen Weg?

Du findest den Weg, indem du NICHT danach suchst! Du findest diesen Weg nur, wenn du selbst in der Lage bist, zu entscheiden, was gut für dich ist – nur für dich persönlich! Ich weiß, nicht immer leicht, bei der Vielzahl an Angeboten und Ratschlägen, die uns richtiggehend aufgezwungen werden.

Wir verirren uns leicht im Irrgarten der Vielseitigkeit unserer Zeit. Um dabei Rat und Hilfe zu erhalten, sprich mit Gott und den Engeln. Scheue nicht davor zurück. Rede dabei einfach so, „wie dir der Schnabel gewachsen ist“. Du wirst erkennen – es wird dir Hilfe zuteil, wie du sie nie vorher kanntest. Wiederhole dieses Ritual regelmäßig.

„Gut, also nur wenn ich meinen eigenen Weg gehe, finde ich meine eigene Liebe und dieses damit verbundene, wunderbare Bewusstsein. Aber ich darf nicht danach suchen?“

Genau, du würdest (nur) verstandesgemäß handeln. Du würdest mit deinem brillianten Verstand auf „Teufel komm raus“ sämtliche Varianten durchdenken, die deiner Meinung nach in Frage kommen, deinen Weg zu finden. Nur dir bekannte, natürlich schon in dieser Welt erlebte, Umstände würden so deinen gedanklichen Weg pflastern. Du würdest wieder nur nach bereits erlebten Situationen handeln. Gedanklich wieder in der Vergangenheit landen.

Weiterhin würdest du deine gleichen Runden drehen. Du wärst wieder im ständigen Kreislauf des Lebens gefangen. Nichts, aber auch gar nichts, würde sich ändern. Wieder wärst du nur ein Opfer deiner Orientierungslosigkeit.

Stattdessen versuche, dich mit etwas ganz Anderem zu beschäftigen. **Schau dir dein eigenes Verhalten an. Sieh ruhig hin! Ergründe und korrigiere es.**

Nur du entscheidest, welches das ist. Welches Verhalten es ist, das du selbst für notwendig erachtest, es abzuändern. Ausschließlich du wählst solche eigenen Verhaltensweisen aus. Verhaltensweisen, die deiner Meinung nach dafür in Frage kommen. Jene, die dir selbst nicht gefallen.

Versuche deine eigenen Verhaltensweisen **zu verstehen.** Dazu bedarf es meist einer anderen Sicht der Dinge. Einer liebevollen Sicht, bei der du vor allem dich selbst am liebevollsten betrachtest! Nimm dir dazu die notwendige Zeit und Ruhe.

Du versäumst dadurch nichts, aber auch gar nichts. Keine andere Tätigkeit, die dir einfällt, bringt dir mehr „Profit“ ein. Durch nichts anderes gestaltet sich dein Leben harmonischer – das garantiere ich!

Sei dabei unbedingt ehrlich mit dir und lege die dafür notwendige Ausdauer an den Tag. Dann wirst du mit der Zeit spüren, irgendetwas ist anders. Etwas fühlt sich anders an, als sonst. Schließlich merkst du, du selbst bist das, was anders ist.

Du hast dafür gesorgt, dass du dir selbst weniger Stress verursachst. Demzufolge musst du auch nicht mehr so oft Stress bewältigen. Du musst diesen Zustand der Stressbewältigung, der dir früher kaum bewusst war, jetzt seltener aushalten. Alles ist leichter geworden. Du machst dir weniger Gedanken über Gott, die Welt und dich, als früher. Du fühlst dich insgesamt wohler.

Die Zeit und Energie, die du dadurch sparst, verwendest du jetzt, um mit dir und deiner Umgebung liebevoller umzugehen. Deine Einstellung, dir und anderen gegenüber, ist eine Andere geworden. Unbeabsichtigt bist du in ein neues Bewusstsein geschlittert, das dir gut tut. Du hast es einfach geschehen lassen.

Ohne bewusst danach zu suchen, hast du den Weg zu deiner eigenen Liebe gefunden. Und du bist begierig darauf, mehr davon zu fühlen, immer mehr davon kennenzulernen. Durch dein Tun hast du unbewusst einen Prozess ausgelöst, der nicht mehr zu stoppen ist.

Nun – was sagst du dazu? Wär`das etwas für dich? Möchtest auch du deinem Körper weniger Stress zumuten? Dein Leben insgesamt harmonischer gestalten? Oder willst du lieber beten und darauf warten, dass du erleuchtet wirst?

Hast du etwa Angst, deine eigenen Verhaltensweisen zu hinterfragen? Angst davor, gegen dich selbst „anzutreten“? Willst du deine ständig auftretende Aggressivität lieber gegen andere richten?

Fröhnst du der zunehmenden Brutalität in vielen Teilen der Bevölkerung? Gefällt dir, wenn du mit blutigen Konflikten rund um den Globus konfrontiert wirst?

Glaubst du, dich nur mehr in d e r Art und Weise gegen scheinbar übermächtige Gegner wehren zu können? Indem du dich nur mehr voller Hass und Zorn gegen Andersdenkende, anderen Religionen angehörende, oder deine Missachtung betreffende, Menschen behauptest? Konfrontationen schürst, bei denen du noch dazu nicht weißt, wie sie ausgehen?

Hier biete ich dir eine friedvolle Variante an. Du kennst deinen „Gegner“ so gut, wie niemand sonst auf der Welt. Diesen „Kampf“ kannst du mit beliebigen Mitteln austragen. Du alleine bestimmst, wie lange er dauert. Du diktierst die Bedingungen. Und vor allem – du kannst diese „Schlacht“ nur gewinnen. Nur du kannst der alleinige Sieger sein. Jetzt sag, kennst du sonst irgend eine Situation mit ähnlich glanzvollen Aussichten?

Ich fände es schön, konnte ich dich inspirieren. Verlasse dich einfach auf dein Gefühl. Versuche, das jetzt Gelesene auf dich / in dir wirken zu lassen. Denn das nächste, für die meisten Menschen schwer Verdauliche, wartet bereits auf dich.

Zum Schluss dieses Kapitels, mache ich nämlich reinen Tisch und sage, **„die Menschheit lebt seit tausenden von Jahren eine Lüge, was die Liebe zwischen den Menschen betrifft“.**

Dafür zugrunde liegen seit jeher verwendete, einfach immer wieder übernommene, Klischees, die Menschen aber gerne in Anspruch nehmen. Die ihnen gerade recht kommen. In die sie sich gerne hineinversetzen. Und die sie leben wollen.

Weshalb Beziehungen, Partnerschaften, Ehen, so kompliziert scheinen. Gelebte Imitationen, die Liebe betreffend, ein Zusammenleben so unbeständig machen. Das ist der Grund, warum in den Medien, auf der Bühne, durch Religionen, ständig der

Abklatsch eines Rollenverhaltens zweier Menschen vorgegaukelt wird. Warum sich Paare tatsächlich NICHT daran orientieren sollten. Und solche Klischees bitte nur der Belustigung dienen, aber eben nur Klischees bleiben sollten.

„Ich liebe dich! Gegen echte Liebe ist man machtlos. Es hat mich halt erwischt, was soll ich tun? Du bist meine große Liebe, ich werde alles für dich tun. Ich brauche dich. Ich bin sooo verliebt in dich. Der wirklich großen Liebe begegnet man eben nur selten im Leben. Ich weiß nicht, ob ich dich liebe. Vielleicht ist es noch zu früh, von Liebe zu sprechen?“

Sind das Aussagen, auch in deinem Sinne? Möchtest du dein Leben danach ausrichten? Sind Menschen deshalb bis ins „hohe Alter“ beisammen? Oder finden sich auch diese meist nur in ständigen Kompromissen wieder?

„Ich liebe dich“ - drei zierliche Worte oder eine wortgewaltige, ausdrucksstarke Formulierung? In den meisten Fällen ein Trugschluss, der in mehrerer Hinsicht schlichtweg ins „Abseits“ führt. Eine Aussage, die meist in sich zusammenfällt, wirft man einen Blick hinter die Kulissen.

„Ich liebe dich“ – gedacht oftmals nur als blumiger Vorhang für eine Partnerschaft in finanzieller Sicherheit. Materielle Bündnisse, gewohnte Bequemlichkeit oder die Angst, alleine zu sein, scheinen vordergründig. Nicht zu vergessen die Erwartung, vom „geliebten" Partner die Liebe zu bekommen, auf die man bei sich selbst nicht zurückgreifen will. Den Halt an meinem Gegenüber zu finden, den ich bei mir selbst vermisse. Einfach nur, um Macht und Kontrolle, wie gewohnt, weiter ausüben zu können.

Solche Situationen und Umstände sollen Liebeserklärungen enthalten? Unter diesen Voraussetzungen sprechen wir von Liebe?

Es scheint, Beziehungen drehen sich ausschließlich immer um „den oder die andere(n)". Der Partner soll doch gefälligst für ein gemeinsames und liebevolles Miteinander sorgen. Er möge mich doch bitte glücklich machen. Sie soll doch endlich etwas tun, dass ich zufriedener bin.

Macht man uns darauf aufmerksam, dementieren wir dies natürlich. Wir selbst tun doch ohnehin schon alles Menschenmögliche – oder doch nicht?

Aus eigener Erfahrung kann ich sagen – es dauert. Es dauert länger, als man akzeptieren will. Es dauert viel länger, als man glauben möchte – die erforderliche Ehrlichkeit sich selbst gegenüber an den Tag zu legen. Um zu erkennen, man kommt in obigen Schilderungen immer wieder auch selbst vor. Um zu sehen – wiederum hat man, **wie gewohnt,** reagiert.

Gewohnheiten, gewohntes Verhalten korrigieren, der einzige Weg, die eigene Liebe kennenzulernen. Wieder ein Kreis, der sich geschlossen hat. Und wieder sind wir – bei unserer eigenen Liebe angelangt.

Liebe zuerst dich selbst. Genieße deine eigene Liebe! Erkenne dich selbst als das Liebste. Freue dich über deine Vorzüge. Finde Dinge, die du selbst gerne an dir magst. Lerne deine besonderen, liebreizenden Eigenheiten und Eigenschaften schätzen.

Schenke dir selbst in Gedanken die zärtlichsten Streicheleinheiten. Spüre, wie du es genießt, während du dir vorstellst, wie liebevoll und sanft du mit dir selbst umgehst. Merke, wie gut es dir dabei geht. Fühle, wie du dadurch deinen Selbstwert stärkst. Finde so die Kraft in dir und werde unabhängig.

Dieses Bewusstsein vorausgesetzt - lass andere an deiner eigenen Liebe teilhaben. Phrasen, wie „ich kann nicht anders, ich liebe dich einfach“ oder „ich weiß nicht, ist es vielleicht Liebe?“, sind einfach ein „Schmarrn“. So gibst du dir nur die Erlaubnis, dich selbst und andere so richtig schön zu belügen.

Entweder du möchtest jemanden an deiner ganz persönlichen eigenen Liebe teilhaben lassen oder du möchtest es nicht. Das unterliegt ausschließlich deinem freien Willen. Alles andere, alles was dazwischen liegt und du natürlich beliebig begründen kannst, funktioniert nicht, versprochen.

Es funktioniert deshalb nicht, weil die so kreierte Situation, weil so entstandene Umstände, absolut nicht deinem eigenen Willen entsprechen.

Deshalb – der einzige Garant für eine erfüllte, glückliche Beziehung – ist die eigene Liebe. Nimm Kontakt auf mit ihr und genieße deine wichtigste Beziehung. Deine Beziehung mit dem Göttlichen in dir!

Das Unbewusste

Weißt du eigentlich, was es heißt, wenn dir etwas nicht bewusst ist? Wie es ist, wenn etwas in dir lebt, wovon du keinen Schimmer hast?

Du weißt zwar, es existiert in dir. Aber du ahnst nicht im Geringsten, was das ist. Du vermutest nur, es ist da. Du weißt nicht, ob es dir schadet, befindet es sich weiter im gleichen Zustand. Du hast aber auch keine Ahnung, ob es dir nützlich ist, wenn du es veränderst. Was kommt dann zum Vorschein? Das Unbewusste - wie verhält es sich, machst du auf dich aufmerksam?

Nicht im Traum würde es dir in den Sinn kommen, darauf zurückzugreifen. Auch wenn es dir gute Dienste leistete und du es gut gebrauchen könntest. Wäre es das letzte Etwas, das dir Schutz und Hilfe bietet – du würdest es nicht in Anspruch nehmen. Weil es dir nicht bewusst ist, dass es vorhanden ist.

Genauso unbewusst schlummern andere Sichtweisen in dir. Andere Blickwinkel, nützlich auf deinem Weg zur eigenen Liebe. Sichtweisen, die du gar nicht kennst. Andere, als dir bekannte, als dir geläufige – du kannst sie nicht bewusst in dir erwecken. Solche neuen Sichtweisen können nur selbständig erwachen. Nur so verstehst du sie. Nur dann sind sie dir auch nützlich. In der Art und Weise verstehst du dich letztendlich selbst immer besser.

Das ist auch der Grund, warum du meine Bücher beim Lesen nicht „überfliegen„ solltest, möchtest du Inhalt oder wiederkehrende Zusammenhänge verstehen. Ich vermute, du gehörst deswegen zu den Lesern meiner Bücher, weil du dich eventuell davon inspirieren lassen möchtest. Deshalb – lies wiederholt und langsam.

Der Mensch ist ja nicht gemacht, um das Leben zu verstehen, sondern um zu leben und sich selbst zu verstehen. Wir schreiben das Jahr 2015. Seit der Veröffentlichung meines 1. Buches sind nunmehr bereits drei Jahre vergangen. Warum ich glaube, dieser Umstand sei erwähnenswert?

Nun – ich verwendete für die Herausgabe dieses Werkes ungefähr die doppelte Zeit, wie für das 1. Buch. Ich könnte dies jetzt damit begründen, dass ich eine neue Ehefrau an meiner Seite habe. Der ich viel Aufmerksamkeit schenke. Oder ich könnte sagen, ich war damit beschäftigt, ein Haus zu sanieren. Deshalb wäre ich andersweitig gebunden gewesen. Deswegen hätte es solange gedauert. Aus diesem Grund sei dieses Buch aber auch besonders gut geworden, usw..

Tatsächlich geht das in meinen Büchern Geschriebene mit meiner persönlichen Entwicklung einher. Und so wurde ich angehalten, mein eigenes Tempo zu drosseln. Ich sollte langsamer werden. Es war notwendig, erworbenes Wissen persönlich umzusetzen, es selbst zu leben. Ich konnte Neues nur willkommen heißen, ließ ich Altes hinter mir. Erst jetzt ist die Zeit reif, der Öffentlichkeit dieses neue Buch zu präsentieren.

Ich schreibe grundsätzlich nur über das, was ich weiß. Keine Ahnung, warum ich weiß, was ich weiß. Aber ich weiß - was ich schreibe, ist unumstößlich. Aus ständigem Korrigieren meiner Verhaltensweisen entwickelte sich ein Wissen, das nirgends zu erlernen ist – außer bei sich selbst.

Hat sich solch ein Wissen einmal etabliert, erübrigt sich jeder weitere Gedanke. Es braucht keinerlei Begründung. Ich bin jetzt wie ein Löwe, der nicht mehr brüllen muss, um seine wahre Kraft zu zeigen. Dabei stelle ich wieder einmal die Hilfe der Engel, unserer ständigen Begleiter, ins Rampenlicht. Sie waren es und sie sind es, die mich immer wieder zu neuem Wissen führen.

Kannst du dir vorstellen, ich bediene die Tastatur meines Laptops, um dieses Buch zu schreiben - ohne meinen Verstand einzusetzen? Ohne zu denken? Ohne vorher nachzudenken, was ich zu Papier bringe? Wenn mir Skeptiker bei den letzten beiden Sätzen auch gerne beipflichten - ich schreibe und werde dabei geführt. Genau das ist die Hilfe der Engel, von der ich spreche.

Wieder zurück zum Unbewussten. Jeder Mensch hat natürlich das Recht, so zu sein, wie er sein möchte. Jedoch, je nachdem, auf welcher Ebene des Bewusstseins er sich befindet, dementsprechend reicht sein Verständnis. Hier kann man keine Grenze, quasi von einer Ebene zur nächsten, ziehen. Diese Bildung des Bewusstseins verläuft schleichend, vorerst unbemerkt und hat nichts mit Intelligenz zu tun.

Beeinträchtigt wird diese Bewusstseinsbildung durch frühere Lebensabschnitte. Daraus entstandene Prägungen verursachen bei uns „schlimme" Gedanken, Schuldgefühle, Angst. Wir hindern uns letztlich selbst daran, unser Bewusstsein zu erweitern.

Kasteien wir uns nicht auch noch. Es ist unnötig. Denn es muss so sein. Der Ablauf kann nicht anders sein, um verstehen zu lernen.

Wir können das Eine nicht vom Anderen trennen. Alles greift ineinander. Unser Leben ist zweckmäßigerweise als ein Ganzes zu betrachten. Verläuft mein eigenes Leben nach meinen Vorstellungen, locker, leicht, zufrieden, harmonisch, liebenswert, wird sich dementsprechend auch meine Umwelt gerne anpassen.

Ausgenommen ich will unbedingt an einer persönlich überlebten Situation festhalten, die mir nicht mehr dienlich ist, erlebe ich mein inneres Wesen immer in Form äußerer Lebensumstände. Man könnte jetzt von Resonanz reden. Einem Mitschwingen mit der Schwingung eines anderen Körpers.

Oder wir sprechen einfach davon, dass Gleiches Gleiches anzieht. Je nach meiner Bewusstseinsebene bin ich in einer Gesellschaft gleichdenkender Menschen. Meine Emotionen gestalten sich gemäß meiner Gedanken. Auswirkungen davon halten Menschen fern oder ziehen sie an.

In der Form erkennen wir immer, wo wir gerade im Leben „stehen“. Die Umgebung, in der wir leben, die Mitmenschen rings um uns. Unsere gesamte Lebenssituation zeigt uns, wer wir sind.

Desto mehr du an dir selbst korrigierst, umso seltener findest du dich in Situationen wieder, über die du dich ärgerst, in denen du in Gefahr bist, wo du dich fürchtest. All jene extremen, unschönen, so gar nicht gewollten, Lebenssituationen, die man angeblich nicht verhindern kann - du wirst sie nicht mehr erleben! All das, was du nicht mehr aussendest, kann auch nicht zu dir zurückkommen.

Ist ein Lernabschnitt deines Lebens abgeschlossen, willst du wieder neues Terrain kennenlernen. So kommst du in den Genuss eines weiteren persönlichen Erfolges und so weiter.

Es ist dies ein Prozess mit kaum merkbaren Veränderungen. Damit wir diese neuen Umstände auch wirklich in uns spüren. Damit sich neue Sichtweisen in uns langsam verankern können. Damit wir sie umsetzen, begreifen und leben lernen.

In der Art und Weise dringe ich in mein eigentliches Bewusstsein, dem **Unterbewusstsein,** ein, das sonst von der Menschheit kaum beachtet wird. Dennoch beziehen die meisten Menschen unbewusst dieses besondere Bewusstsein täglich in ihr Leben mit ein und handeln danach.

Jedem Menschen machen diejenigen „Dinge“ am meisten zu schaffen, die ihm gar nicht bewusst sind. Meist wissen wir nicht, woran wir scheitern. Wir haben keinen Schimmer, was es eigentlich ist, das uns am hinderlichsten ist. Das Etwas, das uns vehement in unserer Entwicklung hemmt – wir kennen es meist gar nicht, können es kaum definieren.

Und doch ist jeder Mensch in der Lage, sein Unterbewusstsein zu erkunden. Indem er die Grenzen des gedanklichen Bereiches überschreitet. So den transzendenten Bereich (grenzüberschreitenden Bereich) schafft, von wo er das Unterbewusstsein betreten kann.

Durch das, von mir immer wieder erwähnte, Korrigieren eigener Verhaltensweisen, schaffe ich mir diese Perspektive, aus der ich die Existenz zweier Bereiche erkennen kann. Eine Perspektive, die die Grenze zwischen Bewusstsein und Unterbewusstsein regelrecht verschmilzen läßt.

Der Vermittler - der, der dies ermöglichen kann, bin ausschließlich ich selbst. Nur ich selbst kann durch Autosuggestion (eigene manipulative Beeinflussung) meinem Unterbewusstsein die Heilwirkung verschaffen, die es dringend benötigt.

Ich selbst bin es auch, der sich dabei zwangsläufig wieder erinnert, wo ich die Grenze zwischen Bewusstsein und Unterbewusstsein gezogen habe. Und nur ich selbst kann es sein, der in dieser einzigarten Weise Ursachen von Krankheiten ausräumt.

Dringen wir doch noch etwas tiefer in dieses Unterbewusstsein vor. Wollen wir vielleicht gar versuchen, es zu beschreiben?

Nun – das Unterbewusstsein ist **kein** böses zweites Ich. Es ist auch nichts Schlimmes, vor dem wir uns fürchten müssen. Keine Dunkelheit, in der wir gefangengehalten werden. Nichts, wovor wir Angst haben müssen.

Es lauern keinerlei Gefahren. Keine unsichtbaren Kräfte können uns in die Tiefe ziehen. Es ist einfach ein „Ort", an dem das Unbewusste gespeichert ist. Ein Platz, wo wir frühere Erlebnisse vorerst abgelegt haben. Erlebnisse, die wir lange vergessen haben oder vergessen wollen.

Erlebtes, das sich tief in unser Innerstes „eingebrannt", Situationen, die uns geprägt haben. Umstände, in denen oder aufgrund derer wir schon lange nicht mehr tätig sein wollen. Gelegenheiten, wo wir nur mehr reagieren, indem wir auf Gewohntes zurückgreifen. Ein Leben, das wir resignierend an uns vorbeiziehen lassen.

Nicht wissend, dass der Grund für all diese facettenreichen Varianten unsere vielen Ängste sind. Obwohl auch für das Unterbewusstsein gilt - die einzige Kraft, die existiert, ist nur unsere eigene. Nur wir selbst können Bekanntschaft machen mit unserem Unterbewusstsein.

Das Suchen nach den besten Posen oder dem schönsten Lächeln für unser wichtigstes „Selfie“ (digitales Selbstportrait) – wir können es uns sparen. Dank unserer Verwirklichung sind wir und agieren so, wie es unserer eigentlichen, tatsächlichen, Persönlichkeit entspricht.

Warum ich auch in diesem Buch wieder über das Unterbewusstsein schreibe?

Weil es wichtig ist, zu wissen, dass die meisten Menschen jeden Tag nach diesem Bewusstsein leben. Weil die Menschheit sich regelmäßig gemäß ihres Unterbewusstseins verhält. Weil sie meist nach ihrem Unterbewusstsein handelt, ohne es zu ahnen.

Und weil sich dieser Zeilen jeder Mensch bewusst sein sollte. Ich deshalb immer wieder auf die Korrektur eigener Verhaltensweisen hinweise, die wir uns irgendwann angeeignet haben. Ein Verhalten, das uns schon in unserer Kindheit „eingetrichtert“ wurde. Und das wir seitdem gewähren ließen.

In einer Zeitschrift war zu lesen, laut einer US-Studie seien angeblich zwei Drittel aller Krebsfälle einfach Pech. Begründet wird diese

Behauptung mit einer zufälligen Mutation der Gene bei der Zellteilung. Also auf gut deutsch - durch sich verändernde Gene wachsen zufällig andere Gene, die für die Entstehung von Tumoren verantwortlich sind.

Mit dieser haarsträubenden Studie wird Menschen eine willkommene Begründung ihres Verhaltens geliefert. Solche Ergebnisse könnten uns glatt gefallen, oder? So haben wir jederzeit wieder eine Entschuldigung parat, wenn es vielleicht „zufällig“ so sein sollte, dass wieder einmal neue Gene entstehen. Wobei wir anscheinend keine andere Wahl haben, als zu „keulenschwingenden Neandertalern“ zu mutieren.

Auch die Gene hatte ich schon, ich weiß. Ich schrieb, „nur w i r können unsere Gene steuern und nicht umgekehrt“. Ob dabei in Zusammenhang mit dem Zellaufbau fast unaussprechliche Worte, wie „Mitochondrien“ (erfüllen essentielle Funktionen in den Zellen) verwendet werden. Ob solche Vorgänge in Form sogenannter biochemischer Reaktionen ablaufen – es ist egal. Wichtig ist, zu wissen, **wir lenken unsere Gene durch unser Unterbewusstsein!**

Weshalb wir außerdem noch unserem Unterbewusstsein Aufmerksamkeit schenken und deshalb schleunigst versuchen sollten, es kennenzulernen?

Unbewusstes Verhalten, Gewohnheiten, immer gleiches, uns bekanntes Handeln, sich ständig wiederholende Reaktionen - die Säulen unseres Unterbewusstseins. Gleichzeitig sind diese Säulen aber auch riesige Brutstätten für Manipulationen durch Religionen, seitens der Politik, durch den Staat, der Medien oder unseren (Gesprächs-) Partner.

Bei den meisten Menschen hat der Verstand oberste Priorität. Kaum jemand handelt aus dem Gefühl heraus. So ist es ein Leichtes, unser Denken und Handeln zu beeinflussen. In der Form ist es einfach, uns eine scheinbare Abhängigkeit in unser Gehirn „einzupflanzen“. Wie eine Maschine greift unser Verstand immer nur auf Bekanntes, auf Erlebtes, zurück. Drückt jemand die richtigen „Knöpfe“, weiß dieser Jemand, wie die Hebel bedient werden müssen, sind wir Menschen auch genau so wie Maschinen zu steuern.

Marionetten, bei denen beliebig die richtigen Fäden gezogen werden. Willenlos funktionierende Wesen, die in ihrer Hilflosigkeit nach Führung suchen. Orientierungslosigkeit, die mangels dauerhaft inspirierender Tätigkeiten in Form des Konsums von Alkohol und Drogen noch weiter genährt wird.

Weltweite Verunsicherung, hervorgerufen durch „Public relations“ (ein Mix aus Öffentlichkeitsarbeit + Werbung) und politischer Propaganda. Wo aus nichtssagenden Aneinanderreihungen von Wörtern populäre Slogans produziert werden. Mit dem Zweck, den

Verstand zu manipulieren, Modetrends vorzugeben, Ängste zu schüren, Menschenmassen ruhigzustellen, Wahrnehmungen zu verfälschen oder Zustimmung zu fabrizieren.

Nachrichten über Arbeitsmarktpolitik, in dessen Zusammenhang gleichzeitig von künstlicher Intelligenz (denkende Maschinen) gesprochen wird. Unausgesprochene, angstverursachende Drohgebärden, um das „arbeitende Volk“ bei der Stange zu halten.

Möchtest du, dass dich professionelle Lügner tagaus, tagein in der beschriebenen Art und Weise betäuben? Dass sie so die Kontrolle über dich ausüben? Möchtest du dich genauso fühlen? Willst du das?

In Österreich und anderen westlichen Ländern gibt es die freie Meinungsäußerung, ein Grundrecht jedes Staatsbürgers. In der österreichischen Bundesverfassung ist unter anderem zu lesen: „Österreich ist eine demokratische Republik. Ihr Recht geht vom Volk aus“.

Du weißt, was Meinungsfreiheitsäußerung bedeutet? Versteht man unter freier Meinungsäußerung denn nicht das Resultat einer eigenständigen Denkweise? Darf man eigentlich nur eine eigene Meinung haben, schließt man sich der Meinung anderer an?

Ist eine eigene Meinung nur dann akzeptabel, ist diese auch die Meinung der sogenannten „breiten Masse“? Die ihrerseits gedankenlos übernimmt, was man ihr zum Fraß vorwirft? Gibt es sie noch, die freie Meinung? Kann man sich ihrer noch bedienen? Ohne Unmut, Nachteile oder sogar Sanktionen erleiden zu müssen?

Bei den bestehenden, gesetzlichen Voraussetzungen muss es sie geben. Aus solch einer freien, eigenen, ungestörten Denkweise könnte sich aber natürlich eine gewisse Eigendynamik entwickeln, die so absolut nicht gewollt ist. Um diesem Umstand größtenteils vorzubeugen, **wird die Bevölkerung** „rund um die Uhr" (gedanklich) **beschäftigt.** Das wiederum ist aber eine andere Geschichte. Ihr wenden wir uns im nächsten Kapitel zu.

Jetzt noch zu einem dieser, scheinbar wichtigsten Themen unserer Zeit, der Aus- und Weiterbildung. Auch mir ist klar – lesen, schreiben, rechnen ist in unserer dualen Welt notwendig. Bildung, so wie es interpretiert, praktiziert und ständig vorjudiziert wird, ist uns selbst, uns persönlich aber einfach nur hinderlich.

Politiker betonen, Bildungspolitik vorantreiben zu wollen. Wissensvorsprung sei der Schlüssel für die Zukunft. Mangel an Bildung schlage sich in Arbeitslosigkeit nieder. Der Anteil jener Arbeitslosen mit Pflichtschulabschluss sei besonders hoch.

Was sollen Mann und Frau jetzt tun? Wofür sollen sie sich entscheiden? Bei der Informationsflut, die täglich auf sie niederprasselt? Bei den vielen Möglichkeiten, die ihnen geboten werden, sich Wissen anzueignen. Sie arbeiten, um zu lernen. Sie lernen, um irgendwann arbeiten zu können. Ständig sollen sie irgendetwas lernen.

Um W A S zu verstehen? Dieses Lernen ist nicht unser eigenes Wissen. Es ist fremdes Wissen. Wissen, das uns immer weiter von uns selbst wegführt. Mit dem wir selbst nichts anfangen können. Das uns bei unserer persönlichen Entwicklung ständig in die Quere kommt. Fremdes Wissen, das uns nur ablenkt. Das uns selbst nicht nützlich ist. Womit wir aber die meiste Zeit unseres Lebens beschäftigt sind. Und wodurch keine Zeit bleibt, zu „lernen", uns selbst zu verstehen.

So ist es auch nicht verwunderlich, dass ich empörte, verärgerte, mit Kopfschütteln garnierte, Reaktionen ernte. Nämlich dann, wenn ich zum Beispiel meinem jetzt 15jährigen Neffen zum Ausdruck bringe, es gibt etwas Wichtigeres, als die Schule. Weil ich schon „von Weitem ohne Brille" erkenne, wieviel Stress dieser Junge bewältigen muss.

In jedem Menschen ruht ein gewaltiges, inneres Potential, das erweckt werden möchte. Durch das vielgepriesene Lernen irgend eines anderen Wissens bleibt unsere eigene persönliche Entwicklung auf der Strecke. Dass dies auch so bleibt, dafür wird gerne gesorgt.

Scheinbar bleibt uns aber nichts anderes übrig. Unter größten Mühen haben wir uns Wissen angeeignet. Wir waren bestrebt, uns weiterzubilden, so wie es uns gesagt wurde. Jetzt wollen wir dieses Wissen natürlich auch anwenden. Wir möchten damit in der Berufswelt oder in der Gesellschaft glänzen. Und dies beansprucht uns voll und ganz. Zeit für uns selbst? Was ist das? Wie geht das? Welche Individuen wären wohl besser dafür geeignet, beliebig dirigiert zu werden?

Einzelne von eigenständigem Denken abzuhalten, scheint mehr denn je die Devise der Mächtigen zu sein. Immer mehr stupiden Lernstoff in Vorgaben integrieren. Lerninhalte mit dem Argument der Bildung so gestalten, damit sie Vorstellungen und Vorlieben des Staates entsprechen. Lernziele definieren, die Religionen gerecht werden.

Niemand spricht es offiziell aus. Aber Bücher, die zu selbständigem Denken anregen, Bücher wie dieses, würden am liebsten gänzlich vorbehalten werden. Das Lesen solcher Bücher mit derart ungewohntem Inhalt lieber unter Strafe gestellt werden, als es zu veröffentlichen. Es besser als intellektuellen Unrat bezeichnen, bevor man riskiert, dass Menschen inspiriert werden, eigene Gedanken zu kreieren. Und solche Menschen, jetzt hellwach, womöglich auch noch danach handeln wollen.

Ist es deshalb verwunderlich, dass man in Österreich überlegt hat, den ermäßigten Mehrwertsteuersatz bei Büchern zu streichen? Um im Zuge einer Steuerreform eine läppische Summe einzuheimsen? Sollte es Zufall sein, dass die Europäische Union neue Regelungen, offiziel zum Schutz der Konsumenten, europaweit vorgibt? Dass sich in den angeführten Ausnahmen aber keine Bücher wiederfinden? Wo es doch Bücher sind, die vom Verbraucherschutz aufgrund ihres vergleichsweise geringen materiellen Wertes kaum betroffen sind?

Du glaubst, ich fühle mich berufen, diese Zeilen zu schreiben, weil ich unter anderem in der Buchbranche tätig bin? Wenn du hier deiner Intuition den Vorrang geben willst, wirst du am Ende vielleicht sogar meine Meinung teilen.

Manches von dem bisher Geschriebenen wird dir möglicherweise in der Form nicht bewusst gewesen sein. Du meinst, das würde jetzt aber genügen?

Dieses Marionettendasein, das sich bis hierher schon bildlich abzeichnete, es wird auf den folgenden Seiten noch realer!

Ist das zu glauben?

Unter größtem Aufwand wird Puzzle für Puzzle zusammengefügt, um Menschen Situationen vorzugaukeln, die es gar nicht gibt. Keine Mühen werden gescheut, ein Weltbild zu projezieren, das mit der Wirklichkeit absolut nichts zu tun hat. Trauriger und einziger Hintergrund dafür ist - **der unbedingte Erhalt der Staatsgewalt.** Die Macht des Staates mit allen Mitteln verteidigen. Störfaktoren jedweder Art auf keinen Fall dulden und ehestens beseitigen.

Ganz egal, von welcher Regierungsform wir hier sprechen. Die Staatsgewalt hat viele Gesichter. Ausübung von Macht durch den Staat besteht ja vorerst nicht in Form wirklicher Gewalt. Um dafür aber doch eine Grundlage zu schaffen, bedarf es zuerst der Raffinesse, Menschen zu suggerieren, was angeblich ist oder vermeintlich sein soll.

Schon immer gegoltenes Recht, seit jeher angewandte Denkweisen, starre, scheinbar der Menschheit dienliche, Systeme kommen dabei gerade recht. Auf dieser Basis geschaffene Parolen dienen dazu, Menschen beliebig kontrollieren zu können.

Im Sumpf politischer Bündnisse entstehen geheime Abkommen, als Ablenkung für eine gezielte Unterdrückung der Bevölkerung. Du hast richtig gelesen. Bis jetzt ging es „nur“ um Beeinflussung und Manipulation. In diesem Zusammenhang sind aber sogar unser freier Wille, unsere persönliche Freiheit, gefährdet. Davon gleich mehr.

Weltweit werden Polizeiübergriffe gemeldet, wovon die meisten ohne Sanktionen bleiben. Ich weiß, jeder ist für das, was mit ihm geschieht, was ihm passiert, selbst verantwortlich. Lassen wir jedoch hier ausnahmsweise eine andere Sicht der Dinge gelten.

Auch in Österreich konnte man sich schon des öfteren davon überzeugen, was man unter Staatsgewalt alles verstehen kann. Eine der spektakulärsten Situationen in diesem Zusammenhang erlebten wir Österreicher das letzte Mal im Jahr 1984.

Naturschützer besetzten eine naturbelassene Flusslandschaft, die sogenannte „Hainburger Au“. Verschiedenste Leute aus Stadt und Land gesellten sich dazu und erklärten sich mit den Naturschützern solidarisch. Grund dafür war die drohende Zerstörung dieser Landschaft. Stattdessen war geplant, in dieser Au ein Wasserkraftwerk zu errichten.

Nach Ablauf eines Ultimatums wurde der Befehl erteilt, die Au gewaltsam zu räumen. Blindlings wurde durch Einheiten der damaligen Gendarmerie mit Gummiknüppeln auf dort sitzende, friedliche Aubesetzer eingedroschen.

Unter dem immer stärker werdenden Druck der Bevölkerung ließ die Regierung schließlich von ihrem Vorhaben ab. Ein geradezu ideales Beispiel, wie Demokratie erfolgreich umgesetzt werden kann. Wird dies auch in der Zukunft noch möglich sein?

Polizei und Bundesheer – beides sind militärische Wachkörper, beide sind weisungsgebunden. Das Bundesheer ist, wie wir wissen, als Militär zwar für die Landesverteidigung zuständig. Aufgabe beider Wachkörper ist es aber, bei Bedarf die innere Ordnung, Ruhe und Sicherheit herzustellen. In letzter Konsequenz sind Polizei und Militär der sogenannten Obrigkeit, jenen Politikern, die gerade „am Ruder sitzen“, verantwortlich.

Auf der anderen Seite bedarf es genau dieser beider Organisationen, um den Machterhalt zu sichern. „Ordnung, Ruhe und Sicherheit“ sind klingende Bezeichnungen, die von jedem Menschen mehr oder weniger wohlwollend aufgenommen werden. Umgekehrt dient eine solche Formulierung aber auch dazu, jegliche Vorhaben eines Staates, fast schon beliebig, begründen zu können.

Dafür finden wir ein Ereignis in der ersten Republik Österreichs. Der damalige Bundeskanzler Dollfuß konnte 1934 mit Hilfe der Polizei, der Gendarmerie und des Bundesheeres einen Bürgerkrieg für sich entscheiden. Dieser Sieg währte jedoch nicht lange. Dollfuß wurde einige Zeit später ermordet. Sein offensichtlich nicht sehr demokratisches Vorgehen dürfte der Grund dafür gewesen sein.

Fraglose Anerkennung politischer Machenschaften. Unbedingte „Unterwerfung“ gegenüber vermeintlich höhergestellten Personen und Institutionen. Ein durchaus von diesen gewolltes, strikt hierarchisches, Obrigkeitsdenken. Eine dadurch geschaffene Abhängigkeit. Die ständig gelebte Hörigkeit als Diener des Staates. Ein Denken, das fast ausschließlich auf Diktionen, Vorgaben, Befehlen und Gehorsam beruht. Ist es das, was wir wollen?

Was ist mit uns passiert? In einem Klima gesellschaftlicher und politischer Unterdrückung. Wo sind heute Zeitgenossen, wie der seinerzeit herausragende, bekannte Filmkomiker Charly Chaplin? Der damals den Faschismus und den Militarismus bekämpfte?

Die Gerichtshoheit, als weiterer Teil der Staatsgewalt, dient offiziell natürlich zur Rechtspflege und Verwirklichung der Rechtsordnung. Die Gerichtshoheit ist es aber auch, die die Vollmacht schafft, beliebig Gesetze und Vorschriften erlassen zu können. Einige Wenige entscheiden so, was Recht und Unrecht ist.

Wie bereits erwähnt, wird behauptet, Menschen würden Regeln und Vorschriften begrüßen, nach denen sie sich richten können. Dass diese Form der Gesetzgebung bei der „breiten Öffentlichkeit“ nicht immer auf Gegenliebe stößt, ist jedoch bekannt. Immer häufiger erleben wir - der überwiegende Teil der Bevölkerung ist nicht einverstanden - mit Vorgaben, die eine Minderheit beschließt.

Dieser Umstand ist natürlich auch den Verantwortlichen des Staates bewusst. Solch einer neuen, ungewohnten Form des Aufbegehrens gegen staatliche Autorität muss natürlich entgegengewirkt werden. Der Staat will doch auch weiterhin die Rahmenbedingungen für die Ausübung von Macht und Kontrolle schaffen. Besser sollte dafür jetzt aber die Zustimmung der überwiegenden Mehrheit der Menschen vorhanden sein.

Nur scheint das nicht so einfach. Niemand kann dafür die Garantie übernehmen. Lieber will man dies deshalb n i c h t dem Zufall überlassen. Und so bastelt man an der Erlassung sogenannter Antiterrorgesetze. Erst aufgrund solcher Gesetze ist es den Regierungen meist möglich, auch die finanziellen Mittel zur Durchsetzung der Staatsgewalt bereitzustellen.

Ob wohl bei den bekannten, ständigen Budgetproblemen quer durch die Lande und der sich ausbreitenden Armut das Volk dafür Verständnis aufbringt?

Der Sinn solcher Gesetze soll primär nicht etwa die Bekämpfung plötzlich überhandnehmender Terrorakte sein. Diese Gesetze werden präventiv geschaffen. Der Grund besteht einzig und allein in der Angst, Menschen könnten hellhörig werden.

In der Form, dass sie nicht mehr von der Staatsgewalt kontrolliert werden möchten. Dass sich Menschen vielleicht in großer Zahl

versammeln und ihren Willen auch kundtun. Dass es Aufstände gibt, wodurch man möglicherweise nicht mehr Herr der Lage wäre. Es werden gesetzliche Grundlagen geschaffen, auf deren Basis ein rebellisches Volk bekämpft werden kann. Dadurch ermöglichte, sogenannte „Sicherungsmaßnahmen“ schaffen eine Art Ausnahmesituation, eine Alarmstufe, in der bei Bedarf wirklich
a l l e s durchgesetzt werden kann.

Die Angst vor „der Gefahr drohenden Terrors“ kann leicht in die vorherrschende Meinung der Bevölkerung integriert werden. Weitere hilfreiche, geschickt eingesetzte Schlagwörter, wie „die Bekämpfung der Radikalisierung“ oder „Bewusstseinsbildung zur Prävention von Terror“ tragen maßgeblich zur Einschüchterung bei.

Und so gibt es plötzlich quer durch ganz Europa Terroranschläge. Die Medien teilen mit, Dschihadisten (islamische Gotteskrieger) tyrannisierten auf besonders brutale Art und Weise ganze Völkergruppen.

Vermummte religiöse Fanatiker, die in Koordination oder über Auftrag der Geheimdienste dieser Welt operieren? Geheimdienste, die ihrerseits mittels **geplantem Terror** Chaos und Angst in der Bevölkerung verursachen? Die mit der Angst spielen und sie als Werkzeug für die Meinungsbildung benutzen? Für die Ausübung totaler Kontrolle durch den Staat? Dem unter solchen Umständen alle

Rechte eingeräumt werden, um den „Schutz jedes einzelnen Bürgers" gewährleisten zu können?

Die Europäische Union spielt in diesem Zusammenhang eine maßgebliche Rolle. Dass ich hier nicht „Schwarzmalerei" betreibe, zeigt die Existenz einer geheimen EU-Sondereingreiftruppe mit Sitz in Italien.

Diese Spezialtruppe hat ihren Ursprung in Frankreich und ist ausgestattet mit geheimdienstlichen Kompetenzen. Sie soll in enger Zusammenarbeit mit europäischen Militärs die Sicherheit in europäischen Krisengebieten gewährleisten. Jedes EU-Mitgliedsland kann diese Sondereinheit anfordern, um Aufstände niederzuschlagen. Entweder als Verstärkung, oder um schlicht ein besseres Bild zu erzeugen - muss man doch nicht auf die eigenen Landsleute schießen.

Laut dem dafür geschaffenen „Vertrag von Velsen" sind die Mitglieder dieser Gruppe in ihrer Tätigkeit immun und können auch nationales Recht außer Kraft setzen. Ein womöglich willkommenes Rüstzeug für zukünftige, innere Unruhen bei, ja bei was? Vielleicht anläßlich der nächsten Weltwirtschaftskrise? Drängten deshalb die meisten europäischen Länder in die EU? Können aus diesem Grund die Mitgliedszahlungen nicht hoch genug sein?

Die Pressefreiheit – sie ist es, die eine freie Meinungsbildung gewährleisten soll, in Form unzensierter Informationen. Ist dir eigentlich bewusst, dass Medien, speziell Hörfunk und Fernsehen, manchmal von den Mächtigen dieser Welt für ihre eigenen Zwecke verwendet werden? Um Menschen zu täuschen und Meinungen zu konstruieren? Meldungen den eigenen Grundsätzen entsprechend zu verfälschen? Oder um Informationen überhaupt vorzuenthalten?

Ist dir außerdem bewusst, diese Pressefreiheit kann beliebig missbraucht werden, ohne angreifbar zu sein? Ohne Sanktionen befürchten zu müssen? Wer kann beweisen, ob eine Meldung frei recherchiert, zensuriert, diktiert oder überhaupt erfunden wurde?

Können wir dann davon ausgehen - wir werden mit „absolut geheimen" Handelsabkommen wie „TTIP" (Abkommen zwischen Europa und der USA) und deren Auswirkungen medial beschäftigt? In deren Zusammenhang sich nationale Politiker gegen Chlorhühner aus den USA einsetzen wollen. Obwohl sie gar kein Mitspracherecht haben?

Können wir weiter davon ausgehen, dass wir mit so alltäglichen Berichten überschüttet werden, wie „Amerika bespitzelt europäische Politiker"? Nur, um Informationen, weitaus drastischerer Natur, zu verschweigen? Ist man bei Radio und Fernsehen gerne behilflich, wenn still und heimlich Vorbereitungen getroffen werden für eine neue Weltordnung?

Dabei handelt es sich wahrlich um keine Spinnereien, sondern um reale Fakten. Gleich vorweg – nehmen wir an, du selbst hättest Intentionen, eine neue Weltordnung zu kreieren. Würdest du dafür einen Plan ausarbeiten, Statuten festlegen, und das Ganze mit der Überschrift „Schaffen einer neuen Weltordnung"? Wahrscheinlich nicht. Bei Bekanntwerden deines Vorhabens würdest du mit diesem Titel eher nicht so gut dastehen.

Englische Kürzel für Namen verschiedenster Weltorganisationen, wie UNO, UNESCO oder viele andere mehr – sie sind zum Teil bekannt. Zumindest haben wir schon von deren Existenz gehört. Aber, sagt dir die Abkürzung „ECTR" irgendetwas?

Vier Buchstaben, die für den „Europäischen Rat für Toleranz und Versöhnung" stehen. Klingt gut, oder? Toleranz und Versöhnung! Das ist so, wie „Ordnung, Ruhe und Sicherheit" – nur viel, viel besser, viel lieblicher. Damit möchte man sich eigentlich sofort anfreunden.

Aber Vorsicht! Die Absicht dahinter ist heimtückisch! ECTR setzt sich aus einem Dutzend prominenter Europapolitiker zusammen. Er wurde geschaffen, um praktische Empfehlungen für Regierungen und internationale Organisationen vorzubereiten. Im Jahr 2013 legte dieser Rat eine solche Empfehlung dem Europaparlament vor. Der Titel lautet: „Europäisches Rahmenstatut zur nationalen Förderung der Toleranz".

Du glaubst, es geht bei diesem Papier unter Umständen um den Schutz der Religionen? Um Anerkennung kultureller Unterschiede, vielleicht schon gehört unter dem Begriff Multikulturalismus oder „MultiKulti“?

In der Tat sind diese Statuten auch in diese Richtung formuliert. Sehr allgemein gehalten, ist unter anderem von Äußerungen, Islam- und Frauenfeindlichkeit betreffend, die Rede. Aber auch Formulierungen wie die **„Eliminierung von Kritik“** sind in diesem Papier zu finden. Tatsächlich sehen diese sogenannten Rahmenbedingungen vor, jeden Bürger der EU, der im Verdacht steht, „intolerant“ zu sein, zu überwachen.

Jetzt gibt es ja kaum eine schwammigere Bedeutung oder einen dehnbareren Begriff, ein verhängnisvolleres, folgenschwereres Wort, das mehr „Sprengstoff“ in sich birgt, als die Toleranz in Form ihrer vielen Synonyme. Beliebiges kann in dieses Wort hineininterpretiert werden. Was der Eine noch toleriert, bedeutet für die Andere reine Intoleranz.

Diese Maßnahme zielt weiters darauf ab, die Regierungen aller EU-Mitgliedsstaaten zu verpflichten, spezielle Lager und andere Kontrolleinrichtungen für die **Umerziehung Andersdenkender** einzurichten. Das ist unglaublich, aber wahr.

Der jeweiligen nationalen Regierung soll auch die Kontrolle aller öffentlichen Massenmedien auf Einhaltung der Toleranz obliegen. Die Medien selbst sollen angewiesen werden, regelmäßig eine Kultur der Toleranz zu verbreiten. Separat wird dabei das Internet erwähnt. Im World Wide Web (weltweites Netz) wäre der Datenaustausch einfach zu schnell, weshalb es dafür noch keine Lösung gäbe.

Die Toleranz soll fester und wichtigster Bestandteil des Unterrichts in Schulen werden. Von den Grundschulen bis zu den Universitäten. Ich spreche hier von totaler Kontrolle über dich und dein privates Leben. Immer „auf der Hut“ sein zu müssen. Nicht wissend, ob du nicht aus purem Egoismus, Hass oder Neid, der Intoleranz anderen Menschen gegenüber beschuldigt wirst. Kannst du dir vorstellen, so zu leben?

Nicht genug, dass durch diese Zensuren natürlich die Meinungs- und Pressefreiheit vollkommen ausgeschaltet wird.

Es werden Statuten geschaffen, die garantieren sollen, Toleranz zu üben. Wie wir wissen, ist das gegenteilige Verb „intolerant“. Es bedeutet soviel wie „unduldsam, keine andere Meinung oder keine andere Weltanschauung gelten lassen, als die eigene“.

Insofern schützt die Toleranz ein vorgegebenes, bestehendes System. Ein System, das fremde, andere Auffassungen oder konkurrierende Wahrheitsansprüche vor Repressionen schützen soll.

Jedoch - gilt Toleranz nur in einer bestimmten Form, als eine von Gesetzes wegen zu beachtende Norm, bleibt berechtigte Kritik wirkungslos. Intoleranz wird nicht toleriert und noch dazu unter Strafe gestellt.

Heißt – Toleranz endet dort, wo Menschen anderer Meinung sind, als diejenigen, die die Regeln für Toleranz aufgestellt haben. Vorgegebene Normen, die Toleranz betreffend, lassen keinerlei andere Ansicht zu. Automatisch ist jeder intolerant, der sich nicht an die Vorgaben für die Förderung der Toleranz hält. Die Politik hat dazugelernt, leider nicht zum Wohle der Menschheit.

Du siehst, ich habe keineswegs übertrieben, als ich von einer neuen Weltordnung sprach. Der Entwurf mit dem englischen Originaltitel „An European Framework National Statute for the Promotion of Tolerance" ist keine Erfindung von mir. Das Papier existiert tatsächlich und es erscheint mir sehr wahrscheinlich - dieses Vorhaben möchte in Brüssel umgesetzt werden.

In diesem Fall würde dies weitreichendere Kreise ziehen, als uns lieb ist. Wir würden mit weit schlimmeren Folgen konfrontiert, als wir uns das derzeit vorstellen können. Mich würde wundern, wären unsere nationalen Politiker diesbezüglich nicht informiert. Warum hört man dann in dieser „Causa" nichts von ihnen? Warum reagieren sie nicht? Wie wichtig ist in diesem Fall der Mensch?

Die vielen Dinge, die wir nicht gutheißen. Aufgrund derer wir auf die Straße gehen, protestieren und demonstrieren. Die wir demzufolge auch regelmäßig in den Medien verfolgen können. Warum regt sich zu diesem Thema kein Widerstand? Wurde davon schon ein einziges Mal in den Medien berichtet? Insbesondere in diesem Fall, wo unser höchstes Gut, unser freier Wille, davon bedroht ist, wir beliebig in unserer Freiheit eingeschränkt würden.

Was denkst du, wenn du so etwas liest? Wenn dir in Aussicht gestellt wird, dass dir die persönliche Freiheit entzogen wird? Ganz einfach nur deshalb, weil du deinen eigenen Standpunkt vertrittst? Weil du eine andere Meinung hast, andere Gedankengänge verfolgst, als die Gedanken, die du gefälligst zu haben hast!

Findest du es unter diesem Aspekt sinnvoll, das Leben mit Niveau zu betrachten? Glaubst du wirklich, um deinen guten Ruf, um dein „Ansehen" bemüht sein zu müssen? Indem du mit Anstand und Würde sogenannten Verpflichtungen nachkommst? Du auf Etikette und Stil großen Wert legst? Um gar durch dein absolut korrektes, ehrenhaftes Benehmen etwaigen Anfeindungen vorzubeugen?

Könnte dich vielleicht sonst jemand einer beliebigen Dreistigkeit beschuldigen? Dich womöglich kritisieren, du hättest deine Pflicht nicht getan? Dein Tun gar als Blasphemie (beleidigende Äußerung über etwas „Heiliges") bezeichnen, deine Aussagen als pietätlos hinstellen? Meinst du, eine besondere, moralische Verantwortung in dir zu tragen?

Nein? Du willst dich, entgegen aller, gegen dich gerichteter Erwartungen oder gewohnheitsgemäßer Anfeindungen, trotzdem nicht selbst verleugnen? Dann gratuliere ich dir!

Denn du darfst anders sein! Deine ganz persönlichen, speziellen Talente werden in der Welt gebraucht. Du brauchst nicht fürchten, etwa nicht akzeptiert zu werden. Auch wenn du scheinbar allgemein gültigen Normen nicht entsprichst – du bist vollkommen, so wie du bist!

Und du brauchst mit deiner „Natur" nicht „hinter dem Berg halten". Du hast bestimmt etwas zu sagen – sage es einfach!

Heutzutage wollen Menschen ja nicht gerne etwas von sich preisgeben. Die Begründung dafür lautet meist, andere brauche deine eigene Meinung, deine persönliche Einstellung, dein eigenes Leben, nicht zu interessieren. Tatsächlich schaffen wir uns dadurch nur eine Begründung, uns nicht mit den dafür verantwortlichen Ängsten auseinandersetzen zu müssen.

Jedoch entstehen durch diesen Mangel an Selbstbewusstsein immer wieder Missverständnisse. Wodurch wir uns selbst das Leben schwer machen und Partnerschaften strapaziert werden. Und – wodurch die

Politik, Regierungen, der Staat, profitiert. Er braucht so nicht gegen eine wortgewaltige Einigkeit vorgehen. Niemand weiß in der Regel, dass eine solche überhaupt existiert!

Kaum wird bei anderen akzeptiert und so gut wie nie bei anderen Verständnis aufgebracht, für ein Verhalten, das man selbst nicht bereit ist, „zur Schau zu stellen".

Situationen eskalieren, weil Pärchen ungezwungen in Form inniger Küsse ihren Gefühlen freien Lauf lassen. Andere finden, das würde in der Öffentlichkeit zu weit gehen. Wieder andere fühlen sich gar davon provoziert.

Wieviel Toleranz gilt es eigentlich aufzubringen, wenn zwei Personen ausnahmsweise so sind, wie sie sein wollen. Ist zu kritisieren, wenn Menschen der Liebe frönen, völlig ungeniert? Sollten sie stattdessen Rücksicht auf Anwesende oder anwesende ältere Menschen nehmen? Aus welchem Grund? Wollen wir in diesem Fall intolerant sein und dieses liebevolle Miteinander am liebsten bestrafen?

Finden wir sonst keine Erklärung für das Verhalten von Menschen, bezeichnen wir sie halt als krank. Und so wurde von der Medizin zum Beispiel der Autismus erfunden.

Der Autismus wird als unheilbare Entwicklungsstörung definiert. Bei dieser Krankheit sei die Wahrnehmung und Verarbeitung von Informationen gestört. Weil Mann und Frau Autist angeblich beziehungsunfähig ist. Weil sogenannte Autisten anders sind. Sie über ein anderes Wissen, als die Meisten verfügen. Besondere Begabungen oder besondere Fähigkeiten leben.

„Gestörte Verarbeitung von Informationen, beziehungsunfähig, besondere Fähigkeiten". Sind dies Symptome, die auf eine Krankheit hindeuten? Treffen solche Eigenschaften wirklich nur vereinzelt auf Menschen zu? Oder ist bereits der Großteil der Menschen dem Autismus zuzuordnen?

Du konntest in diesem Buch unter anderem den Satz lesen: „die Welt ist aus den Fugen, weil die Gedanken der Menschen aus den Fugen sind". Wir befinden uns gerade im Kapitel „Ist das zu glauben?". Dann wollen wir diesem Kapitel weiter Unglaubliches hinzufügen.

Alles geschieht, so wie wir es in Gedanken erschaffen. Als göttliche Wesen haben wir tatsächlich große Macht. Kaum jemand ist sich dieser Macht jedoch bewusst. Es verhält sich dabei ähnlich, wie mit der eigenen Liebe.

Ich kann nur etwas bewirken, weiß ich, ich bin dazu in der Lage. Manche sind mit der Macht der Gedanken bereits vertraut. Doch kaum ein Mensch kann sich wahrscheinlich vorstellen, mit der Kraft seiner Gedanken auf das Wetter einwirken zu können. Ich kann dir bestätigen, es funktioniert tatsächlich. Des öfteren habe ich dies mit Erfolg praktiziert.

Mir ist durchaus klar, wie sich das jetzt anhört. Und es klappt auch nicht immer. Ist die geistige Welt anderer Meinung, hast du einfach Pech gehabt. Allerdings bleibt in diesem Fall noch immer, dich an die Engel zu wenden. Einer Bitte, in das Wettergeschehen einzugreifen, weil du sonst ein Unheil befürchtest, wird meistens nachgekommen.

Grundsätzlich wird dir das Wetter d a n n keine Streiche spielen, läßt du anstatt deiner Ängste klare Intuitionen in deine Gedanken einfließen. Das jeweilige Wetter wird so automatisch fast immer deinen Wünschen gerecht werden.

Wie verhält sich dieses „Gedankenspiel" jetzt in Verbindung mit dem Klima weltweit? Wir wissen, das Klima hat sich in den letzten Jahrzehnten drastisch verändert. Unserer Überzeugung nach spielt es oft richtiggehend verrückt. Die Menschen rund um den Globus werden mit teils dramatischen Wetterkapriolen konfrontiert. Die Naturkatastrophen erhöhen sich kontinuierlich. Eine steigende Anzahl von Tornados, Tsunamis, Überschwemmungen oder Erdbeben richtet immer größere Schäden an.

Als Ursache für den Klimawandel wird die Abholzung des Regenwaldes am Amazonas genannt. Das Schmelzen der Gletscher sei ebenfalls ein Grund dafür. Ein dadurch bedingtes Ansteigen des Meeresspiegels birgt weitere Gefahren. Beeinflusst würde das Klima auch durch eine ganz spezielle Meeresströmung im Atlantik, dem sogenannten Golfstrom.

Durch sich so verändernde Lebensräume, nicht nur in den Polargebieten, wird natürlich auch die Ökologie der Tierwelt beeinflusst. Dieser Umstand kann wiederum von der Menschheit nicht ignoriert werden. Das ganze Ökosystem würde sonst aus dem Gleichgewicht geraten.

Ist unsere geliebte Erde in letzter Zeit instabil geworden? Reagiert sie jetzt sensibler als früher, auf Umwelteinflüsse und Treibgase? Ist nur eine höhere Umweltbelastung schuld daran? Gibt es vielleicht ein neues, uns unbekanntes, Wechselspiel der Kontinente? Formt sich die Erdkruste in eine Richtung, die so gar nicht förderlich ist für unseren Lebensrhythmus? Bricht gar eine neue Eiszeit über uns herein?

Wissenschaftliche Thesen und Spekulationen, wie sie jeder kennt. Tatsächlich sind aber ausschließlich wir Menschen dafür verantwortlich. Und zwar gleich in zweifacher Hinsicht.

Wir fügen unserer Natur weit mehr Schaden zu, als früher. Die Atmosphäre insgesamt wird stärker in Mitleidenschaft gezogen. Den Ursprung dafür liefert eine hochmoderne Industriealisierung und ständig gewollte Vormachtstellungen - das Streben nach Macht und Geld. Jetzt fordert die Natur ihren Tribut – dafür, dass wir auf ihr ohne Rücksicht herumtrampeln und sie weitesgehend zerstören.

Nicht nur, dass wir die notwendige Sorgfalt nicht mehr an den Tag legen, wir der Natur nicht mehr die erforderliche Aufmerksamkeit widmen wollen. Sie beliebig mit Müll und Verschmutzungen in jeglicher Form bedecken. Ihr so das „Leben" schwermachen. In höchste Sphären und in dunkelste Tiefen vordringen, um sie auszubeuten oder ihr Veränderungen aufzuzwingen.

Mindestens genauso nachhaltig wird die Natur, das Klima insgesamt, aber beeinflusst durch unsere Gedankenwelt. Durch Gefühle und Emotionen jedes Einzelnen auf dieser Erde.

Es ist schlicht eine Tatsache. Leider – oder Gott sei Dank? – ist dies der Menschheit nicht bewusst. Stell` dir vor, jeder drehe an der „Wetterschraube", ganz nach Belieben. Nur Einzelne würden in unserer Zeit das Verständnis aufbringen wollen, der Natur im Großen und Ganzen ihren freien Lauf zu lassen.

Das ändert aber nichts daran, wir sind tatsächlich mächtige, göttliche Wesen. Wollen wir es auch nicht akzeptieren, bleibt trotzdem kein einziger Gedanke von uns Menschen ohne Wirkung. Wir ziehen an, was unseren Vorstellungen gemäß geschehen soll. Wunschgemäß senden wir, uns betreffende Wellen oder Schwingungen, in die Welt hinaus. Gleiches kommt auch wieder zu uns zurück. Das Gesetz der Anziehung. Es kann durch nichts und niemanden außer Kraft gesetzt werden. Das war immer so und wird immer so sein.

Schon du alleine kannst das Wetter beeinflussen. Was glaubst du, kann im Gegensatz dazu eine ganze Menschheit mit ihren Gedanken bewirken?

Natürlich ist es, bis auf Ausnahmen, wahrscheinlich nicht in unserem Sinn, Naturgefahren gedanklich zu inszenieren. Jedoch, unser Leben ist, gegenüber früher, vielschichtiger geworden. Man könnte auch sagen, wir werden geradewegs überrollt von Dingen, die unsere Aufmerksamkeit erregen oder erregen sollen.

Viele Menschen leben ja ein nicht wirklich aufregendes und persönlich ausgefülltes Leben. Zufriedenheit ist großteils leider Mangelware. Meist wird nach Ablenkung gesucht. Und so ist man natürlich dankbar, für die vielen Anregungen und Angebote, die das Leben scheinbar lebenswerter machen.

Bei all den Versuchen, unser Leben kurzweiliger zu gestalten, können wir einer Vielzahl an Beschäftigungen nachgehen. Die Möglichkeiten, unsere Freizeit zu verbringen, sind schier endlos.

Müssen sie anscheinend auch sein. Das Volk soll doch nicht etwa das Interesse an der Gestaltung seiner Freizeit verlieren, oder? Umso abwechslungsreicher, umso spektakulärer, desto besser.

Nun, diese teils sehr ausgefallenen Varianten unseres Tuns fordern natürlich gewisse Begleitumstände. Großteils sind wir dabei vom Wetter abhängig.

Jetzt wollen sich die Einen ihre Zeit vertreiben, indem sie „am Boden bleiben". Andere wollen „in die Luft gehen". Wieder andere lieben das Wasser. Außerdem brauchen wir ideale Schneeverhältnisse. Demzufolge erhoffen sich Menschen Windstille, starken Wind, die richtige Thermik, angenehm warme Temperaturen und eisige Kälte. **Und das Ganze gleichzeitig!**

Es gibt noch eine Menge andere Situationen, wo sich das Wetter wunschgemäß verhalten soll und Klimaschutz deshalb hintangestellt wird. Solch vielfältige und gleichzeitig unbeständige Intuitionen! Die Natur ist so förmlich hin und hergerissen. Sie wird dadurch noch zusätzlich strapaziert und schon lange überfordert. In ungeahntem Ausmaß, weit mehr, als die meisten Menschen sich das überhaupt vorstellen können.

Heiße Neues willkommen!

Du möchtest Neues willkommen heißen, weißt aber nicht wie? Nun - indem du Platz schaffst für Neues. Indem du Altes über Bord wirfst und eigene gedankliche Muster korrigierst. Du dir abgewöhnst, nach Vorstellungen oder Erwartungen zu leben. Indem du lernst, endlich loszulassen. Du dich so von Ballast trennst, der dir in keinem Fall mehr dienlich ist. Indem du nicht länger zu wissen glaubst, wie das Leben funktionieren soll.

Sondern du es einfach nimmst, wie es kommt. Du so die Leichtigkeit des Lebens kennenlernst. Schöpfungen kreierst, die als Resultat neuen Denkens, mehr in Einklang mit deinen Herzenswünschen stehen.

Der Mensch will aufmerksam gemacht werden. Er will regelmäßig erinnert werden. Er möchte in einen Spiegel schauen und sein eigenes Spiegelbild betrachten können. Denn eigentlich weiß er gar nicht so recht, was ihm an ihm selbst nicht gefällt. Und doch ist er ständig auf der Suche. Auf der Suche, zu erfahren, was er besser machen, wie er sein Leben lebenswerter gestalten könnte.

Um bei dieser Suche am besten behilflich sein zu können, verwende ich einfache Worte und Formulierungen. Vermeide endlose Ergüsse unverständlicher Wörter. Solche wecken eher das Schlafbedürfnis.

Keinesfalls würdest du in solchen finden, was du suchst. Stattdessen verlierst du irgendwann das Interesse am Lesen.

Meine Form des Schreibens bezieht auch nicht den derzeitigen „Genderwahn“ mit ein. Wahrscheinlich ist es dir schon aufgefallen. Dieses „-innen“, hinten angehängt an Wörter, verschiedenste Bezeichnungen, Mann und Frau betreffend, bei öffentlichen Reden, Interviews, in den Medien. Um die Verwirrung komplett zu machen, integrierte man Gender sogar in Schulbücher.

„Gender“- dieses sonderbare Wort bringt in einer Kultur zum Ausdruck, was typisch ist für beide Geschlechter. Zum Unterschied zur biologischen Geschlechtsbestimmung werden hier soziale Komponenten zur Geschlechterunterscheidung ins Treffen geführt.

Wozu das Ganze? Dieser Trend scheint förmlich getrieben durch den Feminismus. Eher sehr einseitig läßt man hier Bestrebungen, was die Emanzipation der Frau betrifft, einfließen. Es kann mir trotzdem „gestohlen bleiben“. In meinen Büchern gehe ich ohnehin immer von Menschenwürde, gegenseitigem Respekt, einer Gleichberechtigung, Mann u n d Frau betreffend, aus.

Will eine Frau, egal ob im Privatleben oder im Beruf, wirklich als gleichberechtigt gelten, wird sie dies auch sein. Tatsächlich sind auch hier persönliche Gedanken und Gefühle maßgeblich dafür, wie die Frau vom äußeren Umfeld behandelt wird. In diesem Zusammenhang möge jede Frau für sich selbst klären, ob nicht manchmal Respekt mit Angst verwechselt wird. Entsprechend der jeweiligen Einstellung, entsprechend des persönlichen Bewusstseins, können Männer u n d Frauen den Fluss des Lebens genauso gestalten, wie sie es gerne hätten.

Zum Thema Frau hier noch folgende Ergänzung. Irgendwoher „schnappte“ ich das Wort „Wechselbeschwerden“ auf. Dafür verantwortlich soll zum Teil eine Hormonumstellung im Körper der Frau, während eines gewissen Lebensabschnittes, sein.

Ich brauche keine Frau oder Frauenarzt sein, um einfach so sagen zu können – jede Frau erzeugt sich ihre eigenen Wechselbeschwerden selbst. Hormonumstellung oder nicht. Auch hier gilt – kasteie ich mich schon im vorhinein mit Gedanken, die Angst vor solchen Wechselbeschwerden betreffend, wird die Reaktion darauf genau jene Ungereimtheit sein. Das, was ich vom Leben wünsche, werde ich bekommen. Wissend, dass stets das Beste auf mich wartet!

In der Form strapazieren wir Menschen generell beliebig unser eigenes Energiefeld. Beeinflussen wir unsere inneren Energiezentren und die uns umgebende Aura. Demzufolge senden wir auch bestimmte Signale aus. Die berühmten Schwingungen, ich erwähnte sie bereits des öfteren.

An den Menschen, der Natur, der verschiedenen Elemente, scheinbar fester oder harter Gegenstände, kannst du erkennen, wie sich verschiedene Schwingungen bemerkbar machen.

Du möchtest mir vielleicht widersprechen und meinst, jede Materie bestehe doch aus winzigen Atomen. Dann stelle dich an „unser berühmtes“ Ufer eines Baches und versuche, förmlich mit den Wellen zu verschmelzen. Je nachdem, welche Schwingung dein eigenes Bewusstsein gerade aussendet, wirst du bemerken - das Ufer bewegt sich plötzlich.

Samt eventuell umherliegender riesiger Steine oder dort wachsender Bäume. Das gesamte „Bild“ des Ufers schwebt gleichmäßig in eine Richtung. Schaust du genauer hin, steht das Ufer gleichzeitig still. Es hat sich keinen Zentimeter bewegt. Ein Phänomen, das keines ist.

Neues willkommen heißen – dazu gehört auch, selbst geschaffene Barrieren einzureißen. So wie sich unsere Körperzellen ständig erneuern, geh auch du weiter. Bleib nicht irgendwann gedanklich stehen. Verstricke dich nicht in alten Gewohnheiten und wundere dich, dass das Leben für dich so schwer ist. Das Leben bietet dir alles, was du möchtest. Es drängt nur darauf, von dir angenommen zu werden.

Beschäftige dich mit dir! Arbeite ständig an dir selbst! Du kannst dich dabei an keinem Vorbild orientieren. Die einzige Institution mit angeblich ähnlichen Vorsätzen scheint die Freimaurerei zu sein. Durch geistige Übungen humaner mit sich und der Welt umgehen. Solch geistiges Wirken wird in den Logen der Freimaurer als die „königliche Kunst“ bezeichnet.

Soweit, so gut. Was wirklich bei sogenannten „masonischen Ritualen“ (eine eigentümliche Bezeichnung, die speziell auf das Freimaurertum hinweist) abläuft, davon können natürlich nur Insider berichten. Jedoch trifft auch hier ein von mir bereits erwähnter Umstand zu. Nämlich die Tatsache, es handelt sich bei den Freimaurern um einen Geheimbund.

Trotz des rühmlichen Vorsatzes, persönliche Integrität zu fördern - Heimlichtuerei rund um das Freimaurertum ist ein idealer Nährboden für Verschwörungstheorien. Vielleicht wird auch nur versucht, sich eine historische Verpflichtung aufzuerlegen. Die Art und Weise jedoch, mit der diesem geistigen Handwerk gefrönt wird, schürt Misstrauen. Dieses Misstrauen wird und wurde auch in der Vergangenheit immer wieder dazu verwendet, gegen die Freimaurer vorzugehen, sie in manchen Epochen sogar fast auszulöschen.

Nun, kein Umstand, keine Situation in unserem Leben ist den Aufwand wert, sich Stress aufzuladen und Zeit zu vergeuden. Zeit zu vergeuden, um Beliebiges zu begründen, unbedingt etwas zu behaupten oder beharrlich zu verheimlichen.

Trotz mutmaßlicher oder erwarteter Nachteile – es ist ausnahmslos immer von Vorteil und zum eigenen Besten, **einfach zu s e i n .** Aus vielfältigen Gründen glauben Menschen ständig, etwas tun zu müssen. Sich „abheben“ wollen, „besser“ sein zu müssen, als andere. Unbedingt anders sein, als sie tatsächlich sind.

Es wird dir schon aufgefallen sein. Ich verwende in diesem Buch die Anrede „DU“ anstatt „SIE“. Sollten wir nicht auch im persönlichen Umgang die Barriere dieses reservierten „Sie“ weglassen? Uns stattdessen ansprechen, indem wir das vertraute „Du“ verwenden? Warum kommt man in manchen Ländern oder Gegenden ganz ohne „Sie“ aus? Warum wollen wieder andere gar mit „eure Hoheit“ oder „eure Eminenz“ angesprochen werden?

Wozu wurden überhaupt Titel, Positionen, Rangordnungen und ähnliches geschaffen? Um, wie es vielfach propagiert wird, Ordnung zu schaffen? Oder um uns dahinter „verstecken“, uns auf eine „höhere Stufe“ stellen zu können? Besser sein zu wollen? Abstand zu schaffen, noch dazu vielleicht wegen unseres höheren Alters?

„Es ehrt mich, dass du mir das „Du-Wort“ anbietest. Was aber, wenn ich dich ohnehin mit „Du“ anspreche? Kannst du damit umgehen? Oder wird es dir dann irgendwie zu eng?“

Wollen wir an diesen Unterschieden nur Halt finden, mangels Halt an uns selbst. Spielt dabei unser eigener Mangel an Selbstwert eine große Rolle? Kommt von vornherein die notwendige Vertrautheit nicht in Frage, um deine, teilweise dir selbst nicht bekannten, Ängste offenzulegen? Obwohl dieses Vertrauen in dich und andere für ein harmonisches Miteinander notwendig ist?

Wie dem auch sei. Zum Schluss dieses Buches sage ich dir folgendes:

Behalte deine Persönlichkeit bei. Akzeptiere dich so, wie du bist, denn du bist einzigartig. Dein freier Wille – er sollte immer oberste Priorität haben. Versuche, vollkommen ehrlich zu dir selbst zu sein.

Erkenne Details an deinem Ich, die es gilt, zu korrigieren. Die es wert sind, sie so zu verändern, dass sie dir wieder gerecht werden. Versuche, dir andere Sichtweisen anzueignen. Lebenssituationen aus einem anderen Blickwinkel, als üblich, zu betrachten, stellt meist eine große Bereicherung dar.

„Bin ich gewohnheitsgemäß auch sehr verbunden mit der Charakteristik meiner Zeit – niemand kann mich, als göttliches Wesen, zufriedener und glücklicher machen, als **ICH SELBST.“**